suhrkamp taschenbuch
wissenschaft 2186

Warum haben wir die religiöse Sprache verloren? Was ist das Spezifikum religiöser Rede im Vergleich zur wissenschaftlichen Sprache? Das sind die Fragen, denen Bruno Latour in seinem wohl persönlichsten Buch nachgeht. Seine Antwort lautet: Dem religiös Suchenden geht es um die Treue zum Wort, die Genauigkeit der Wiederholung. Anders als der Wissenschaftler will er nicht entdecken, sondern wiederentdecken, nicht erfinden, sondern wiederfinden; er strebt nicht nach dem Neuen, sondern will erneuern. Hierin ähnelt er dem Liebenden, der mit jedem »Ich liebe dich« den Bund zu bekräftigen sucht. Wer die Möglichkeit oder Unmöglichkeit religiöser Rede heute verstehen möchte, muss bei ihrer Verwandtschaft zur Sprache der Liebe ansetzen. Das tut Latour in einer faszinierenden Mischung aus Analyse und Andacht.

Bruno Latour ist Professor am Sciences Politiques Paris und am Centre de Sociologie des Organisations (CSO). Im Suhrkamp Verlag erschienen u. a.: *Existenzweisen. Eine Anthropologie der Modernen* (2014), *Eine neue Soziologie für eine neue Gesellschaft* (stw 1967) sowie *Das Parlament der Dinge* (stw 1954).

Bruno Latour
Jubilieren

Über religiöse Rede

Aus dem Französischen
von Achim Russer

Suhrkamp

Titel der Originalausgabe:
Jubiler – ou les tourmentes de la parole religieuse © Les Empêcheurs de penser en rond / Le Seuil, mars 2002

Die Veröffentlichung erfolgt mit freundlicher Unterstützung des Französischen Ministeriums für Kultur – Centre National du Livre und der Maison des sciences de l'homme.
Ouvrage publié avec le concours du Ministère français chargé de la culture – Centre National du Livre et la Maison des sciences de l'homme.

Bibliografische Information der Deutschen Nationalbibliothek
Die Deutsche Nationalbibliothek verzeichnet diese Publikation in der Deutschen Nationalbibliografie;
detaillierte bibliografische Daten sind im Internet über
http://dnb.d-nb.de abrufbar.

suhrkamp taschenbuch 2186
Erste Auflage 2016

Umschlag nach Entwürfen
von Willy Fleckhaus und Rolf Staudt
Druck: Druckhaus Nomos, Sinzheim
Printed in Germany
ISBN 978-3-518-29786-5

Für Louis-Noël, Bernadette, Roger,
für Jacques in memoriam.

Dank an Mireille, Isabelle, Anne-Nelly,
Jean-François, Laure-Emmanuelle, Noëlle-Laetitia, Mickès,
Noortje, Luc, Elizabeth, Bernard,
Albéna, François, Antoine –
tausend Dank an Avril

Jubilieren – oder die Qualen religiöser Rede, dazu möchte er etwas sagen, aber es gelingt ihm nicht: Ihm ist, als sei seine Zunge gelähmt; das rechte Wort stellt sich nicht ein; nichts kommt ihm über die Lippen; er bringt es nicht fertig mitzuteilen, was ihm so lange schon derart am Herzen liegt; gegenüber seinen Eltern, seinen Angehörigen muß er es verheimlichen; er kann nur stammeln; wie soll er es seinen Freunden, seinen Kollegen, seinen Neffen, seinen Schülern eingestehen?

Er schämt sich, daß er nicht zu reden wagt, und schämt sich, daß er trotzdem reden will. Schämt sich auch für die, die ihm die Sache nicht gerade erleichtern, die ihm den Kopf unter Wasser drücken und behaupten, ihm zu helfen, die ihm statt eines Rettungsrings Worte zuwerfen, schwer wie Ankerbojen. Bleigewichte, ja, Bleigewichte haften an ihm. Doch, er geht zur Messe, oft, sonntags, aber das will nichts heißen. Leider *heißt* es wirklich nichts; es *kann* für niemanden mehr etwas heißen. Es gibt keine Sprache mehr für diese Dinge, keinen Tonfall, keine Tonart, kein Register für das Sprechen, das Aussprechen. Alles ist vertrackt: Er schämt sich dessen, was sonntags, wenn er zur Messe geht, von der Höhe der Kanzeln herab ertönt; aber er schämt sich auch des ungläubigen Hasses oder der belustigten Gleichgültigkeit derer, die über die Kirchgänger spotten. Schämt sich, wenn er hingeht, schämt sich, wenn er nicht zu sagen wagt, daß er hingeht. Hört er, was drinnen gesprochen wird, knirscht er mit den Zähnen; hört er aber, was draußen gesprochen wird, schäumt er vor Wut. Ihm bleibt nur sich zu ducken, verdrossen, schafsmäßig ergeben angesichts der Zerrbilder und Mißdeutungen drinnen wie der Zerrbilder und Mißdeutungen draußen; doppelte Feigheit, doppelte Scham, und immer noch nicht die Worte, mit denen es zu sagen wäre, als hätten ihn zwei gegenläufige Strömungen gepackt und wirbelten ihn um die eigene Achse.

Nicht über das Religiöse will er sprechen, nicht über das religiöse Fakt. Nicht über diese ungeheure Schicht von Institutionen, Recht, Psychologie, Ritualen, politischen Strategien, Künsten, Kulturen, Bauwerken, Mythen; nicht über das, was so lange schon und unter allen Breitengraden menschliche Aggregate erfaßt und zwingt, sich miteinander zu verbinden und zu bedenken, was sie aneinander bindet – Band und Bedenken, die beiden etymologischen Bedeutungen des Worts *religio*. Er will bloß dem religiösen Ausdruck wieder Bewegungsfreiheit verschaffen, diesem so einzigartigen Brauch, der im Lauf der

Geschichte Wort und Sprache gewann und der ihm heute so entsetzlich gehemmt vorkommt. Er will weder das Religiöse noch die Religion untersuchen – und noch weniger die Religion*en* –, sondern nur eine Ausdrucksform aus ihrer Verkapselung lösen, die, einst so frei und erfinderisch, fruchtbar und heilbringend, heute auf seiner Zunge zerfällt, wenn er ihren Schwung, ihren Rhythmus, ihre Artikulation wieder aufnehmen will. Warum wird, was für ihn so lebendig war, tödlich langweilig, wenn er sich bemüht, mit anderen darüber zu sprechen – zum Beispiel mit seinen Kindern? Durch welch ungeheuerliche Verwandlung wird, was soviel Sinn hatte, geradezu *widersinnig*, wie ein Wortschwall, der in der Kälte Sibiriens auf den Lippen Verbannter erfriert?

Vor allem nicht glauben

Zunächst einmal müßte er sich der Entscheidung entziehen können, vor die der platte Menschenverstand alle stellt, die sich anschicken, von Religion zu sprechen: »Sind Sie eigentlich gläubig oder ungläubig?« Er möchte antworten können: »Natürlich spreche ich als Ungläubiger«, würde aber mit dem Wort »ungläubig« denjenigen meinen, der nicht mehr an den Glauben glaubt, den wahren *Agnostiker*. Den

Glauben an den Glauben teilen die drinnen aber mit denen draußen, und gerade damit schaffen sie es, innen und außen zu unterscheiden. In nichts sind sie einer Meinung außer darin, ihre Differenz in dieser Weise zu markieren: »Du glaubst daran, ich glaube nicht daran.« Wie soll man also sagen, daß es überhaupt nicht um den Glauben geht? Und vor allem nicht darum, *an* etwas, an jemanden, an den unaussprechlichen, an den unanrufbaren G. zu glauben? Wie verständlich machen, daß der Glaube oder Unglaube an G. auf dasselbe hinausläuft, wenn es gilt, von jenen Dingen zu sprechen, *ausgehend* von ihnen? Daß darin nicht das Problem besteht, daß hier sogar eine Kategorienverwechslung vorliegt, eine irrtümliche Adresse, ein syntaktischer Fehler, eine Vertauschung von Gattungen? Ja, mit Religion (bleiben wir der Kürze halber bei diesem Wort) hat der Glaube an G. überhaupt nichts zu tun, und folglich taugt er nicht dazu, eine Grenze zwischen Gläubigen und Ungläubigen, Anhängern und Gegnern zu ziehen. Was den Empfang der Botschaft schon einigermaßen stört, noch bevor sie eingesetzt hat. Es nimmt nicht wunder, daß er einige Mühe zu sprechen hat, der Unglückliche, da man Agnostiker sein muß, um ihn zu verstehen: weder gleichgültig noch skeptisch, aber fest entschlossen, auf das Gift Glauben zu verzichten, um wieder von Religion zu reden. Wer wäre zu dieser Askese bereit?

Und vor allem: wie wollte er einen solchen Satz aussprechen können, ohne zu schockieren? Und zwar *doppelt* zu schockieren: Die Anhänger zuerst, anschließend die Gegner, zuerst die Gläubigen, dann die Ungläubigen, die drinnen wie die draußen. Er weiß wohl, daß, wer da ein Ärgernis gibt, besser daran täte, er würde sich einen Mühlstein um den Hals hängen und in einen Teich stürzen. Wenn es genügen würde, sein Lager zu wählen, wäre alles einfach: man würde zur Schlachtreihe aufschließen und seine Kugel abfeuern, tapfer wie nur irgendeiner. Entweder begäbe er sich in den Schoß der heiligen Mutter Kirche, wacker die Ungläubigen geißelnd, Gleichgültigkeit und Häresien bekämpfend, oder er schlösse sich der ungeheuren Armee der Kritiker an und zöge gegen die Sünden der Irrationalität, gegen das »Wiederauferstehen der Fundamentalismen« vom Leder (er könnte auch in der Etappe, in Sicherheit vor der Front, als Schiedsrichter, Journalist oder Gelehrter die Punkte zählen). Aber für ihn gibt es nun einmal keine Front. Was diejenigen, die von Religion sprechen, von denjenigen trennt, die nicht von ihr sprechen, sind nicht Glaube und Unglaube. Deshalb möchte er weder denen ein Ärgernis geben, die den Glauben an den Glauben an »Gott« für ihr wertvollstes Gut halten, noch denen, die den Glauben an den Unglauben an »Gott« als ihr heiligstes Recht erachten. Natürlich eine unlösbare Aufgabe, da sie einander bekämpfen: Was dem einen Lager recht ist, bringt zwangsläufig das andere auf.

Wie soll er unter solchen Bedingungen schlicht und geradeheraus schreiben? Er will wieder von Religion sprechen, nicht an den Glauben glauben, nicht Ärgernis erregen. Ein solches Joch lastet auf seinen Schultern, daß er den Boden unter den Füßen verliert, in der sumpfigen Brühe um sich schlägt. Immer wenn er zu sprechen anfängt, schluckt er Wasser, speit sein Mund Kröten und klebrige Algen aus. Um nicht zu verletzen, bräuchte er Füße, die derart leicht wären, daß sie keine Spur im Sand hinterließen, Hände, die so geschickt wären, daß sie das Skalpell führen, ohne daß man es spürte, Wörter, die so gut gewählt wären, daß sie trotz ihrer Seltsamkeit stets passend wirkten. Ein Engel müßte seinen Computer bedienen. Was vermögen schon Irdische wie er? Dennoch ist er schließlich ins kalte Wasser gesprungen; zum Zurückweichen ist es zu spät; er muß schwimmen oder untergehen.

Sodann: nicht »an Gott« glauben

Und schon muß er eine zweite Schwierigkeit beheben, und zwar schmerzlos, wie eine geschickte Krankenschwester einen quälenden Verband mit einem einzigen Ruck herunterreißt: Nicht nur die Glaubensrichtung macht keinen Unterschied, ihr Gegenstand, »Gott«, auch nicht. Als man in sehr weit zurückliegenden Zeiten von den Göttern sprach, gab es weder Gläubige noch Ungläubige. Die Anwesenheit der Götter verstand sich von selbst wie die Luft oder der Boden. Sie bildeten die allem Lebenden gemeinsame Textur, den Grundstoff aller Rituale, den unbestreitbaren Orientierungspunkt aller Existenz, das Tagesgespräch. So verhält es sich heute nicht mehr – jedenfalls nicht in den reichen westlichen Ländern. Die gemeinsame Textur unseres Lebens, unser Grundstoff, unsere Tagesgespräch, unser unbestreitbarer Rahmen – falls wir so etwas noch haben, dann ist es die *Nichtexistenz* von Göttern, die unser Gebet erhören und unsere Geschicke lenken. Rasch herunter mit dem Verband, bevor der Schmerz einsetzt: gut so! Über Religion läßt sich nicht besser sprechen, wenn G. existiert, als wenn G. nicht existiert. Es macht überhaupt keinen Unterschied, denn darum geht es gar nicht – jedenfalls nicht in dieser Weise, nicht in dieser Tonlage, nicht in diesem Geist.

Wollte man, wovon einst die Rede war, wenn man »Gott« sagte, wirklich in heutiges Vokabular übersetzen, müßte man nicht nach einem neuen Wesen suchen, das ihn ersetzen könnte, sondern eher nach etwas, das allen dasselbe Gefühl unbestreitbarer Vertrautheit verschafft. Für die Mehrzahl unserer Zeitgenossen wären Ausdrücke wie »Nichtexistenz Gottes«, »Banalität der Welt«, »gleichgültige Materie«, »kommerzieller Konsum« treffliche Synonyme, da mit ihnen dieselbe Evidenz, dieselbe Alltäglichkeit, dieselbe Eingängigkeit, derselbe feste Halt verbunden sind. Die religiöse Rede bemächtigt sich unterschiedslos des einen wie des anderen, »Gottes« wie »Nichtgottes«, denn anfangs benötigt sie einen akzeptierten Anhaltspunkt, den sie sodann schüttelt und erschüttert, um schließlich eine ganz andere Bedeutung aus ihm herauszuholen. Nicht die als Ausgangspunkt gewählte Vokabel schafft daher den Sinn des Wortes G., sondern die ihm nachfolgende Erschütterung. Ob diese Rede wie in alten Zeiten mit dem vertrauten Antlitz eines hilfespendenden »Gottes« einsetzt, der über Rituale ansprechbar ist, oder wie heutzutage mit einem durch Rituale nicht erreichbaren »Nichtgott«, an den Gebete zu richten schlechthin verrückt wäre, ist kaum von Belang: einzig zählt, was diese Rede der Einsicht des gesunden Menschenverstands in der Folge zumutet, die großartige Wendung, die sich den gewöhnlichen Gewißheiten mitteilt. Den Glauben (oder Unglauben) an »Gott« mit dem religiösen Anspruch verwechseln hieße, das Bühnenbild für das Stück, die Overtüre für die Oper halten. Womit man anfängt, ist gleichgültig: einzig zählt, was unmittelbar darauf folgt.

Jetzt haben wir es, er hat alles heillos durcheinandergebracht. Noch bevor er überhaupt richtig begonnen hat, hat er die drinnen vermutlich bereits genauso schockiert wie die draußen. »Wie bitte«, werden sie unisono zetern, »in der Religion soll nicht von Gott die Rede sein?« In der Tat nicht; aber wir werden nachzudenken und nochmals anzusetzen haben. Einfacher geht es nicht. Kein geradliniger Weg. Keine Inspiration durch himmlische Boten, keine Muse, die uns ins Ohr raunt. Keine Quelle wird klar wie Felswasser zu unseren Füßen entspringen. Wer sich anschickt, von diesen Dingen zu reden, wird *Differenzierungsfähigkeiten* entwickeln müssen, die nur über diverse Filtriervorgänge, über die hartnäckige Wiederholung von Ritualen, über die verbissene Suche nach adäquaten Begriffen zu erwerben sind. In diesen Dingen darf man sich nicht auf seine Eingebung verlassen. Und doch gilt auch die zusätzliche und entgegengesetzte Forderung, sich nicht in eitlen Komplikationen zu verlieren: alles muß für ein siebenjähriges Kind verständlich sein. Jedes Wort muß von biblischer Schlichtheit sein (obwohl der Schöpfer dieser Redensart die Heiligen Schriften sicher nicht gelesen hat …). Verständlich, daß so viele sich von diesem unmöglichen Sprachspiel abwenden, es achselzuckend aufgeben. Besser man schweigt, käut wieder oder spottet. Unmöglich zu sagen, worum es geht. Oder vielmehr: die Mittel, zugleich schlicht und subtil über religiöse Dinge zu sprechen, wurden uns entzogen. Sie sind entweder kompliziert, archäologisch, gelehrt geworden oder so belanglos, frömmlerisch, simplifizierend, daß einem vor Mitleid die Tränen kommen. Wie läßt diese Gabelung sich rückgängig machen, der Weg sich nachzeichnen bis zu dem Punkt, an dem die Schere sich öffnete?

Vielleicht war die Forderung, keinerlei Ärgernis zu geben, doch zu streng, vielleicht müssen wir sie aufheben, um ein wenig freier sprechen zu können. Es gibt nämlich falsche und wahre Ärgernisse, falsche und wahre Übersetzungen, und wir müssen lernen, sie voneinander zu unterscheiden, sonst entsteht keine verständliche Aussage. Differenzieren, entgegensetzen, prüfen, annehmen, verwerfen – es gibt keinen andern Weg. Kein Wahrspruch ohne akribisches Trennen. Es gibt nämlich künstliche Ärgernisse, die unbedingt benannt werden müssen, sogar um den Preis, die zu schockieren, die sie für den eigentlichen Kern ihres Glaubens halten. In der Religion gibt es wie in der Wissenschaft *Artefakte*, die es sorgsam abzubauen gilt. Denn die Zeit vergeht, die Wörter, die Sinn hatten, verlieren ihn. Die aber, deren Beruf darin besteht, die Wörter zu ändern, um den Sinn zu bewahren, die Geistlichen, haben es vorgezogen, die Wörter fromm zu bewahren auf die Gefahr hin, den Sinn zu verlieren; sie haben uns Nachgeborene, Unwissende, Stammelnde mit trügerisch gewordenen

Wörtern versehen, mit denen wir die Wahrheiten, an denen uns gelegen ist, aufnehmen sollen.

Zum Beispiel das Wort »Gott«, das einst Prämisse allen Denkens war. Als die Lebensformen sich wandelten, hätten sie es übersetzen können in »unbestreitbarer Rahmen des gewöhnlichen Lebens«, dann hätte weiterhin verstanden werden können, daß nur ein Präliminarium und Präludium für einen Sinneswandel damit gemeint war. Aber statt kontinuierlich, schmerzlos, sukzessive zu übersetzen, klammerten sie sich mit allen Kräften an die Vokabel »Gott« und daran, sie dem »Nicht-Gott« entgegenzusetzen, und sahen nicht, daß es sich dabei nur um zwei Übersetzungen desselben Alltags handelte, die sich nicht stärker voneinander unterschieden als *Deus*, *Theos* und *God*. Indem sie ihr Erbe zu schützen glaubten, verschleuderten sie es. Indem sie recht zu handeln und »Gott« vor der »Flut des Atheismus« zu schützen meinten, sahen sie nicht, daß mit jenem langsamen Auseinanderdriften tektonischer Platten nach und nach ein Wort an die Stelle eines anderen trat. Das zu lange beibehaltene Wort hatte sich in ein schlechtes Ärgernis verwandelt; von ihm ging nun ein Pesthauch aus. Die einst neutrale Präliminarie war zu einem erheblichen Hindernis für die Verständigung geworden. Während früher, als »Gott« noch am Anfang jeder Rede stand, keiner sich dabei aufhielt, machten sie aus diesem Wort nun den Prüfstein, an dem die

Treue der Gläubigen zu messen war. Aus dem, was niemanden straucheln ließ, machten sie ein Ärgernis. Ja, sie trieben die Verkehrtheit noch viel weiter: Sie glaubten, dieses künstlich produzierte Ärgernis sei positiv, sie würden nach Maßgabe der Energie belohnt, mit der sie »gegen die Feigheiten, die Richtungslosigkeit, die Verderbnisse der Zeit« an dem alten Begriff festhielten, sie würden mit Sicherheit im Geruch der Heiligkeit sterben, sie würden beim Jüngsten Gericht ebendanach beurteilt werden. Sie hielten sich für treu, wenn sie gerade den Sinn aufgaben (die vertraute Präliminarie, die uns alle eint), der allmählich, insgeheim, nach und nach von der alten Vokabel »Gott« an die neue Formel »Nicht-Gott« überging. Wo es doch darauf angekommen wäre, sich mit Leib und Seele auf das neue Sprachspiel zu stürzen, bevor es zu spät war; um das Wort zu erhalten, verloren sie den Schatz, dem die neue Vokabel Unterkunft bieten sollte. Wer sein Leben retten will, der wird es verlieren.

Um wieder ins Gespräch zu kommen, um von neuem, wenn auch unbeholfen, zu lernen, richtig zu reden, müßte man sagen dürfen: der Atheismus ist als Ausgangspunkt ebenso tauglich wie der Glaube »an Gott«. Und er ist als Ausgangspunkt sogar vorzuziehen, da er den unbestreitbaren Rahmen gemeinsamen Handelns verschafft und mithin eher als irgendeine gegenwärtige Anrufung eines »Gottes«, deren

Form überlebt ist, dem gleichkommt, was der Ausruf »hilfreicher Gott« zu Zeiten war, da der vom Unglück Geschlagene die Arme zum Himmel erhob. Aber wie läßt sich das aussprechen, ohne weder denen ein Ärgernis zu geben, für die »Gott« eine Selbstverständlichkeit ist, noch denen, für die »Nicht-Gott« es ist – ersteren, weil sie glauben, nur der Anfang sei wichtig, letzteren, weil sie nicht hören wollen, was darauf folgt? Er hat sich verpflichtet, beide Seiten nicht zu schockieren; muß also gottlose Neuerungen ebenso meiden wie gräßliche Apologetik und dabei zugleich die zum Verstehen der Botschaft erforderlichen Schocks mit größter Sorgfalt von den künstlichen Ärgernissen trennen, die dem Verständnis der Botschaft im Wege stünden. Türmt er diese widersprüchlichen Anforderungen aufeinander, macht er sich stumm; starrt er immerzu auf den Unterschied zwischen falschen und wahren Ärgernissen, wird er kurzsichtig. Und doch, die einzige Lösung besteht darin weiterzumachen. Der Sinn geht verloren, sobald man aufhört ihn zusammenzutragen, aufzulesen – Religion geht auf das lateinische *religere* zurück. Dazu muß aber stets vom Nullpunkt aus angefangen, müssen dieselben Dinge in einem ganz anderen Idiom gesagt werden – ja, dieselben Dinge; ja, aber in einem ganz anderen Idiom. Zwangsläufig klingt jede Abwandlung eines bekannten Motivs zunächst schrill, unerträglich, unzumutbar, kakophonisch. Das

Ohr muß zunächst an den neuen Klang gewöhnt werden, an die Reprise genau derselben, altbekannten Melodie in einer neuen Tonart.

Die unmögliche Anrufung

Es gibt keinen Gott«, spricht der vernünftige Mensch in seinem Herzen, und das ist sehr gut so: Alles ist klarer, präziser, bestimmter. Und folglich gibt es auch keinen Glauben *an* G. Das ist der heikelste Punkt: seine Zunge entgleist von neuem, spaltet sich wie Teufelsfüße, er steht knapp vor dem Verderben, und doch muß er diesen gefährlichen Pfad beschreiten, muß die schmale Pforte hinter sich bringen: Man kann sich nicht mehr in Form des *Vokativs* an jemanden wenden, der uns verstehen, uns anhören und trösten würde. Wir gehören nicht mehr zu jenen Kindern, die im Dunkeln die Stimme heben, um keine Angst zu bekommen. Der »Gott«, den man anrief, hat keine Hände, keine Augen, keine Ohren mehr, und sein Mund ist auf immer verschlossen.

Meine eigene Stimme höre ich, und nur sie, wenn ich sie einsam in der kleinen, im Jahr eintausend erbauten Kirche von Montcombroux vernehmen lasse, und leider fehlen mir die Worte, denn keines der Gebete, die dem Pilger auf von Feuchtigkeit zermürbten Pappkärtchen empfohlen werden, entspricht mehr dem Sprachspiel, auf das ich mich einlassen möchte. Gewiß, es wäre so leicht, vor irgendeiner Säule in Tränen auszubrechen, sich gehenzulassen und ihn anzurufen: »Du, oh ›mein Gott‹, höre mein Gebet« – aber was für eine Lüge, was für ein Betrug: verlöre ich so doch die, die mir nicht ins Kirchenschiff gefolgt sind, die mich auslachen und glauben würden, daß ich glaube, daß ich ihn anrufe und bete. Und auch an sie muß ich mich weiterhin wenden. Ich muß der Versuchung widerstehen. Ich habe weit Besseres zu tun als in den Schoß der Gemeinde zurückzukehren, denn nicht mehr ein Schaf hat sich verirrt, die ganze Herde samt Weide, Tal, Gebirge, samt dem ganzen Erdteil ist unterwegs verlorengegangen; ja, es ist am Hirten, zur Herde zurückzufinden, es ist am Schoß, an der Schäferei, am Bauernhof, am Dorf, sich wieder auf den Weg zu machen, um die verlorene Zeit einzuholen, das verheißene Land wiederzugewinnen, das sie brach hinter sich ließen. Ist es etwa meine Schuld, wenn ich gezwungen bin, mich im Gebet an »Nicht-Gott« zu wenden wie seinerzeit, als die tröstende Anwesenheit eines »Gottes« als gewiß galt? Wenn man von mir verlangt, in der Stille einer ländlichen Kirche dieselben Worte hervorzubringen wie vor tausend Jahren die Bauern des Bourbonnais, wenn sie in der Bittwoche kamen, um ihre Ernte schützen zu lassen.

Die Welt hat »den Glauben verloren«, heißt es? Nein, der »Glaube« hat die Welt verloren.

Die zweite Person Singular hatte eine Überzeugungskraft, die sie nicht mehr hat. Die Anrufung zerfällt mir auf der Zunge. Es geht nicht. Es bleibt mir in der Kehle stecken. Was also tun? Weggehen? Das romanische Gewölbe bewundern? Die Restaurierungen beklagen? Ästhetisieren? Historisieren? Den Touristen spielen? Mythologisieren? Entmythologisieren? Nein, nehmen wir uns Zeit, versuchen wir es noch einmal, setz dich wieder hin. Zitternd vor Angst und Lächerlichkeit schaffe ich es zu murmeln: »Ich wende mich an dich, der du nicht bist. Ich wende mich an mich allein, der ich auch nicht ganz und gar bin, und ich weiß wohl, daß ich auch nicht Herr und Eigentümer meines Wortes bin, daß du außer in meiner geborstenen, unter dem Gewölbe stammelnden Stimme nicht anwesend bist.«

Könnte man sich um diesen Preis verständigen? Sich sprechen hören? Wobei ich zweierlei aufgeben muß: den Vokativ – unmöglich geworden, seit »Nicht-Gott« auf Erden wohnt; die Sprachbeherrschung – sie setzte ein freies, sich völlig kontrollierendes Subjekt voraus. Selbstverständlich bin ich es, der redet, und ich allein: Halten Sie mich für einen Narren, der glaubt, sich an einen Abwesenden zu wenden, der ihm vermittels stummer Steine antwortet? Selbstverständlich bin nicht ich es, der spricht, wenn ich spreche: Halten Sie mich für einen Narren, der in der Illusion lebt, sich selbst durchschauen zu können, und der im vorhinein weiß, was seinem Mund entfahren wird? Nein, nicht vor, nicht über, nicht in mir, sondern neben mir, seitwärts, an mein zauderndes Sprechen geschmiegt, stammelt ein anderes Zaudern mit. Nein, das ist nicht das Echo meiner Worte, denn das Echo wiederholt bloß lauter oder verzerrt, was ich geschrien habe; nein, das ist nicht Bauchrednerei, denn der Gaukler beherrscht beide Stimmen, die seine und die, die er geschickt anderswohin, in einen anderen Körper zu entsenden versteht; nein, das ist nicht Unredlichkeit, die mich für eine fremde Stimme halten ließe, was ein anderer Teil von mir leise sagt. Niemand außer mir redet, aber das ist es gerade: das Ich windet sich, gleicht sich selbst nicht, ist überrascht, leicht verwirrt, oder sagen wir eher *entstellt*. Was ist geschehen? Es redet so komisch darin. Wie soll ich meine Überraschung gegenüber diesen Worten ausdrücken, die ich ausspreche, ohne zu wissen, daß ich sie sagen werde?

Nehmt nun Anteil an meinem Elend: um das erste Sprachspiel zu artikulieren, das des tröstenden »Gottes«, können die Gläubigen auf sechs Jahrtausende inspirierter Dichter, Prediger, Psalmisten zurückgreifen; um das zweite zu artikulieren, das der Nichtbeherrschung des Wortes, habe ich nichts, kein Brevier, keinen Psalter, kein Gesangbuch, nicht das kleinste

Bild, nichts als mich, der ich nichts bin – nicht einmal gläubig. Und doch, der alte Vokativ ist wirklich unaussprechbar, unsituierbar, unentschuldbar geworden – außer im kleinen Schoß der Gemeinde, unter denen, die gewohnheitsmäßig miteinander beten. Aber ich brauche dieses Neue, diesen Psalter, den keiner in Verse gebracht, diese Liedersammlung, die keiner zusammengestellt, diese Heiligenbildchen, die keiner koloriert hat. Kein Wunder, daß ich verdurste, daß meine staubverklebte Zunge unter meinem Gaumen vertrocknet. Alle Worte, die man mir anbietet, um mich beten zu lehren, setzen die Zustimmung zu einer fremd gewordenen Sprache voraus. Nicht der Gegenstand des Gebets ist passé, die Gebetsform selbst ist hinfällig geworden. Und wenn ich mich endlich entschließen würde, die naiven Texte unter den gräßlichen Gipsstatuen laut zu lesen, würde ich doppelt zum Betrüger: wenn ich sie ausspräche, wo sie doch keinen Sinn mehr haben; wenn ich sie nicht ausspräche, wo ich doch allein sommers in einer Kirche vor diesen Bildnissen bete, ohne zu beten. Ob ich rede oder schweige, ich bin zur Blasphemie gezwungen: vergebens spreche ich den Namen G. aus.

Die ausstehenden Übersetzungen

Ihr da drinnen, verurteilt meinen Mangel an Glauben nicht zu rasch; ihr da draußen, spottet nicht zu rasch meiner exzessiven Leichtgläubigkeit; ihr, die ihr gleichgültig seid, witzelt nicht zu rasch über mein ewiges Zaudern. Bedenkt all die *Rückstände* an Worten, Formeln, Wendungen, die ich aus meinen dürftigen Mitteln bestreiten muß: jawohl, die Rückstände, die Defizite, die unbeglichenen Übersetzungen. Mit den Epochenumbrüchen haben sich die Diskursfelder ebenso langsam, unerbittlich verschoben wie die Erdkrusten entlang der San-Andreas-Verwerfung, so daß eine Hälfte der Kirche sich inzwischen mehrere Dutzend Meter von der anderen Hälfte entfernt hat. Da klaffen nur noch zwei Ruinen: die eine zur Unterbringung der Leute drinnen, die andere bloß noch zur Abweisung derer, die draußen sind. Seit wieviel Jahrhunderten habt ihr aufgehört, am Kirchenschiff zu bauen, um seinen Einsturz zu verhindern? Es unaufhörlich zu verlagern und neu zu verkeilen, um so mit dem Wegdriften Schritt zu halten, das die Ränder des Spalts immer gräßlicher auseinanderklaffen läßt? Zwei, drei, vier, zehn Jahrhunderte? Hättet ihr auch nur zehn Jahre, zwei Jahre, zwei Tage damit gewartet, es hätte genügt, das Gebäude rissig werden zu lassen. Aber mehrere Jahrhunderte? Ermeßt ihr das Ausmaß des Defizits? Habt ihr eine Vorstellung von dem Schuldengebirge, das dem entspricht? Wie soll ich, ich allein, diese Versäumnisgebühren entrichten, dieses schwindelerregende Loch in der Gesamtrechnung stopfen? Die Kirche ist nicht mehr verfugt, die Worte haben keinen Sinn mehr.

Als man aufhörte zu übersetzen, hörte man auf zu bewahren, das hat die Wortmühle, die Gebetsmühle zerstört. Diese Fehlentwicklung müssen wir rückgängig machen, um zu sehen, ob die Maschine, die Religionsmühle, nicht doch zu reparieren ist. Das ist der einzige Weg, meine Schulden zu bezahlen und mit der Aufholung des riesigen Defizits zu beginnen, das ich mir aufgeladen habe. Es ist nicht meines? Ich bin nicht dafür verantwortlich? Doch! – da ich nach langem Zögern erneut versuche, Sätze in meinem Mund zu bewegen, meine gelähmte Zunge wieder in Gang zu bringen. Im übrigen ist es mein Erbe, ich fordere es ein, sei es auch mit Hypotheken überlastet. Sind die Schulden erst bereinigt, wird der Schatz, der mir hinterlassen wurde, sie hundertfach entgelten, da bin ich mir sicher. Schon sehe ich in den überlieferten Gebärden das Gold blinken, höre ich das Geklirr der im Schrein aufgehäuften Wunder, mag er auch von Messe zu Messe geschleppt werden, ohne daß seine Kommentatoren sich besser auf ihn verstehen als die Begleiter von Geldtransporten auf die Nutzung der Milliarden, die sie unter Lebensgefahr herumkutschieren. Als man noch Verachtung lehrte, stellten die mittelalterlichen Bildhauer die Synagoge mit verbundenen Augen dar, wie sie den Christen das Buch aushändigte, das sie zwar verfaßt hatte, aber nicht mehr verstand. Unter wie dicken Masken, wie verschleiert, wie aufgebahrt müßte man heute die Kirchen darstellen, die den Schatz der Heiligen Schriften übermitteln, ohne ihn noch deuten zu wollen?

Und doch werden die Schriften gut und zuverlässig übermittelt. Jeder kann sie hören. Aber dann beginnt die Predigt – und niedergeschmettert möchte der Zuhörer am liebsten die Beine in die Hand nehmen, denn er fürchtet zu entdecken, daß er mit dieser Erbschaft ein sehr schlechtes Geschäft gemacht hat. Er sagt sich, er hätte sie ausschlagen sollen wie so viele, deren Weisheit, Scharfsinn, Redlichkeit – und jedenfalls Geschäftssinn – er nun zu bewundern beginnt. Wie recht hatten sie doch damit, die Religion sich selbst zu überlassen! Wenn so viele Auslegungen, so viel Frömmelei in Kauf zu nehmen sind, so viele alte Hüte aufgehoben werden müssen, wäre es doch wohl besser, die wertvolle Hinterlassenschaft meistbietend zu versteigern. Und doch, eine Sekunde später bin ich wieder von ihr eingenommen. Das Gold glänzt von neuem unter dem Plunder. Sofort fasse ich neues Vertrauen, entschließe mich, das Geheimnis dieses derart schiefen, labilen, schillernden Dispositivs zu verstehen. Nein, nein, kein Schuldenberg wird mich dazu bringen, mein Erbe im Stich zu lassen. Mich gelüstet nach dem Schatz, der denen drinnen wie denen draußen gleichermaßen verborgen ist, den Verkäufern, die nicht mehr wissen, wie wertvoll ist, was sie da anbieten, wie den Käufern, die sich über diesen Trödelkram lustig machen.

Die Triebfeder der Maschine kann doch nicht so kompliziert sein: »Vermeiden Sie das Paraphrasieren ebenso wie das Verfehlen des Themas« – das hört jeder Schüler aus dem Mund seines Lehrers, wenn er zum ersten Mal einen Text zu kommentieren hat. Entweder tritt man ihn breit, oder man wiederholt ihn; entweder sagt man dasselbe ein zweites Mal, oder man sagt mit anderen Worten dasselbe – sofern man sich nicht in müßigen Erörterungen ergeht. Kein Interpretieren ohne Erneuern. Kein Wort wird als solches aufgegriffen, der Sinn jedoch zirkuliert von neuem. So wäre »hilfreicher Gott« in ein heute verständliches Idiom zu übersetzen als »selbstverständlicher Rahmen des gewöhnlichen Alltags«; die Vokabel »Gott« zu wiederholen wäre bloß Paraphrase und Wiederkäuen, da der Sinn dessen, was man sagen wollte, verloren ist: die sichere Richtschnur unseres gemeinsamen Lebens. Im Glauben, treu zu sein, haben wir den Sinn verraten. Wir haben das zweite Gebot übertreten: »Du sollst den Namen des Herrn, deines G., nicht freventlich aussprechen.« Wer würde sich diesem schrecklichen Gebot widersetzen? Wie sollten wir nicht vor dem Frevel, vor der Nichtigkeit unserer Anrufungen erzittern, wenn wir uns bei der Übersetzung, bei der Wiederholung, bei der Erneuerung des heiligen Namens geirrt hätten? Wenn, da unsere Zunge uns den Dienst versagte, wir »wiedergekäut« statt »wiederholt« hätten, »paraphrasiert« statt »kommentiert«, das (scheinbar) angemessene Wort mit dem (wirklich) angemessenen verwechselt hätten, das (wirklich) unangemessene Wort mit dem (scheinbar) unangemessenen?

»Schön und gut«, erwidert kühl der Schüler, der seinen Text zu kommentieren hat, »aber wie soll ich es anstellen, um die nichtige Paraphrase von der fruchtbaren Interpretation zu unterscheiden?« Schweigen des Lehrers. Es gibt keine Regel. Keinen Trick. Man muß jedes Mal dasselbe Risiko eingehen, jedes Mal ein anderes. Der Unterschied zwischen Wiederkäuen und Wiederholen ist so fein, daß nur ein Engel hindurchfindet, und in diese winzigen Nuancen kann auch der Teufel schlüpfen: *lapsus calami*. Und wenn ich wirklich verraten hätte? Ich behaupte, mich streng an den Sinn gehalten zu haben, den ich aufgenommen, aus anderen Formeln zusammengesetzt habe, aus anderen Worten, die nicht nur verschieden sind von den ursprünglichen, sondern ihnen sogar entgegengesetzt; ich berufe mich auf den Unterschied zwischen dem Buchstaben, der tötet, und dem Geist, der lebendig macht, aber wenn ich die wortwörtliche Wiederholung derselben Vokabeln aufgebe, wenn ich das feste Geländer loslasse, wie kann ich da sicher sein, daß die *Transformation*, die ich vollzogen habe, den Sinn *unangetastet* ließ? Und wenn ich den Sinn unterwegs verloren hätte, einem Schatten nachgejagt wäre, vom Geist wie vom Buchstaben abgeirrt? Mir hätte es an Unterscheidungskraft gemangelt. Gerade jetzt hätte ich den Namen G. umsonst angerufen. Sollte ich wahrhaft Ärgernis gegeben haben, bin ich den Strick nicht wert, an dem ich baumeln werde.

Ich kann mich nicht aus der Schlinge ziehen, indem ich so tue, als gäbe es sichere Übersetzungsregeln, noch umgekehrt, als handele es sich um ein unergründliches, auf ewig unaussprechliches Geheimnis, das höheren Instanzen anheimzustellen wäre: Ich muß dahin gelangen zu verstehen, was eine *Transformation durch Übersetzung, die den Sinn unversehrt läßt*, eigentlich bedeutet. Das ist der Preis für die Reparatur der Maschine. Keine dunkle, aber eine etwas subtile Angelegenheit. Oder vielmehr, diese kindliche Subtilität ist für uns dunkel geworden aufgrund der Übersetzungsrückstände, die unsere Bevollmächtigten, unsere Tutoren einzulösen vergessen haben, als sie uns unsere mit Hypotheken belasteten Güter übermittelten. Lassen diese Hypotheken sich abtragen?

Das Informationsmodell

Abermals fehlen ihm die Worte, aber diesmal, weil er von *Wissenschaft* zu reden hat, nicht mehr von Religion, und weil diese Form der Rede, obgleich so modern, so angesehen, noch schlechter verstanden, noch stärker ignoriert wird als die andere. Den Wissenschaften nämlich haben wir seit mindestens vier Jahrhunderten das Transformationsmodell entlehnt, das die Relationen unversehrt läßt. Verschieben Sie einen Würfel im Raum der beschreibenden Geometrie, und Sie können ihn umkehren, auskehlen, projizieren, wie Sie wollen – keine seiner Relationen geht verloren, selbst wenn sich sein Aussehen jedesmal völlig ändert. Computergestütztes Design, Spezialeffekte in Filmen, Taxidisplays mit GPS-Ortungssystem haben uns alle an solche Transformationsräume gewöhnt. Die Form ist stets verschieden, aber irgendetwas, bestimmte Konstanten bleiben sich bei all diesen Formveränderungen gleich. Von der bescheiden durchgezogenen Perspektive in Gemälden der Renaissance bis hin zu den sublimen Transformationen der allgemeinen Relativität handelt es sich immer darum, verderbliche Stoffe preiszugeben, um eine als einzig wesentlich erachtete, meist berechenbare formale Konstante intakt zu erhalten. Nur um diesen Preis erhält man *In-formation* über etwas, das heißt ganz genau genommen: über das, was sich *in* der *Form* gleichbleibt, während man sich nach und nach dessen entledigt, was im Gegensatz dazu Stoff wird.

Die Karte hat keine Ähnlichkeit mit dem Territorium, aber sie bewahrt einige Beziehungen – Winkel, Proportionen, Ortsnamen, Schreibweisen –, die sich so rückübersetzen lassen, daß wir uns, einmal auf dem betreffenden Gelände angekommen, auf bekanntem Terrain fühlen. Das Verkehrsschild »Montcombroux-le-Vieux 1,5 km« hat weder mit der Generalstabskarte noch mit dem kurvenreichen Weg, der dorthin führt, die geringste Ähnlichkeit, und doch sind diesen drei aneinandergereihten, ineinandergreifenden Materien dank diverser Dokumente und Beschriftungen Entfernungsrelationen zu entnehmen, die wir überprüfen können, wenn wir uns schwitzend auf dem Fahrrad abstrampeln. Der von einer Ebene zur anderen wechselnde Blick ermöglicht, einen Referenzweg nachzuzeichnen. Die Aussage »1,5 km« *referiert* so deutlich auf etwas außerhalb ihrer selbst, daß es sich geistig antizipieren läßt und dem Radfahrer damit eine Strecke erschließt, die er bisher nicht kannte. Diese Aussage besitzt Wahrheitswert. Dank einer solchen Reihe von Dokumenten wird es möglich zu erkennen, zu meistern; man beherrscht visuell, umfaßt mit dem Blick: man beginnt, im Hinblick auf die Welt verifizierbare Aussagen zu treffen, da sich feststellen läßt, ob der Satz wahr oder falsch ist.

Funktioniert die religiöse Übersetzung auf diese

Weise? Hat der Schüler seinen Kommentar so einzurichten? Nein, natürlich nicht, und damit komplizieren die Dinge sich fürchterlich, oder genauer gesagt: sie *verformen* sich monströs wie in einer Anamorphose. Geben wir es gleich zu: in Sachen Religion gibt es keine Information, keine Beibehaltung von Konstanten, keine über eine Kette von Transformationen hinweg intakt belassenen Relationen. Und daher leider keine Kenntnis, wie sie noch die bescheidenste Karte vermitteln würde, kein Wissen, keine Referenz, kein Zugang, keine Bemächtigung, keine Inbesitznahme, nichts, was sich visuell beherrschen ließe. Es hat keinen Zweck, diese Regel überlisten zu wollen: Die Beziehung eines religiösen Textes zu der Sache, von der er spricht, ist nicht die einer Karte zu ihrem Territorium. Nicht einmal die einer geheimen, chiffrierten, undeutlichen, bewußt kryptisch gehaltenen Karte zu einer fernen, schemenhaft wahrgenommenen Welt. Es ist ganz einfach: Diese Texte, diese Worte eröffnen *Zugang* zu überhaupt nichts; sie bilden nicht das erste Glied einer Referenzkette, die es am Ende, wenn alle Einzelglieder gut ineinandergreifen, erlauben würde, sich auf bekanntem Terrain wiederzufinden, im vorhinein gewußt zu haben, was Sache ist. Keine Inbesitznahme der Welt dank eines Dokuments, das ihre Relationen festhielte. Keine Bemächtigung. Keine Schnitzeljagd. Auch keine Umkehrbarkeit. Während man unablässig Informationswegen folgt, von der Karte zum Territorium und wieder zurück, Zwischenräume mit Zeichen, Pfosten, Orientierungspunkten pflasternd, um den Unterschied zwischen den sukzessiven Materialschichten immer weiter zu vermindern und mit Hilfe einer immer dichteren Vernetzung die Formrelationen zu wahren, können wir eine religiöse Übersetzung nicht rückgängig machen, den Weg nicht in umgekehrter Richtung beschreiten, um den Schock abzufedern, den Abgrund zu verringern, den Mißklang zu mindern. Unmöglich, die Augen vor der Tatsache zu verschließen: die Information nutzt nicht dieselben Vehikel, dieselben Leitungen, dieselben Prozeduren wie jene Worte, die verändern, verwandeln, erschüttern. Kein durch Ja oder Nein berechenbarer Wahrheitswert – oder zumindest nicht diese Art Berechnung, nicht diese Art Wahrheit, nicht diese Art Ja oder Nein.

Die Gefahren der »Doppelklick«-Kommunikation

Warum aber konnte es zwischen den Prozeduren wissenschaftlicher Referenz und den Pfaden religiöser Übersetzung, zwischen der Suche nach Konstanten dank Herstellung zuverlässiger Informationen und der Suche nach Versionen, die die ursprüngliche

Botschaft zum Leben erwecken können, überhaupt zum Konflikt kommen? Niemals hätten diese Wege sich kreuzen dürfen. Unmöglich, die religiöse Rede wieder aufzunehmen, ohne dieser Komödie der Irrungen, die aus der Wissenschaft die Intimfeindin der Religion machte, ein Ende zu setzen. Beide Diskurse setzen Strapazen mit so fragilen Ergebnissen voraus, hinterlassen so schmale Spuren, besetzen den Zeit-Raum in so unterschiedlicher Weise, schaffen derart inkommensurable ökologische Nischen, daß sie nicht mehr Grund hatten, aneinanderzugeraten, als Maulwürfe und Frösche. Aber ein dritter Schächer stellte sich ein, der in seiner Plumpheit die Aufgaben der Wissenschaften wie der Religion mißverstand und beide zwang, sich in Schildbürgergefechte zu verwikkeln. Zu Ehren der Computermäuse könnte man diesen Phantasten *die Doppelklick-Kommunikation* nennen.

Die Wissenschaften im Plural – und zwar die echten, die, deren Laboratoriumstätigkeit, deren Forschungsteams, deren Ausstattungen untersucht werden können – praktizieren riskante Prozeduren: Jede Produktion muß mit einer schmerzhaften Transformation bezahlt werden, da die Aussage niemals dem ähnelt, auf was sie sich bezieht. Für die Doppelklick-Kommunikation hingegen lösen sich all diese Schwierigkeiten auf, ebnen sich alle Wege: die schlichte Ähnlichkeit zwischen Kopie und Vorlage macht die Kommunikation ohne irgendwelche Transformation originalgetreu. Natürlich eine reine Phantasmagorie: Imitation, Transparenz und Originaltreue machen noch keine Wissenschaft aus. Und doch, aufgrund einer Geschichte, von der zu berichten hier nicht der Ort ist, hat dieser Kommunikationstypus unter dem Namen »*die* Wissenschaft« den Platz *der* Wissenschaf*ten* eingenommen und damit schlagartig ihre wundervollen Transformationsleistungen in den Schatten gestellt. Die Doppelklick-Kommunikation, dieser unmittelbare und kostenlose Zugang, diese Übermittlung, die keinerlei Transformation zu erfordern scheint, ist für unsere Zeitgenossen sogar zum Vorbild aller möglichen Kommunikation geworden, zum Ideal, zum Maßstab jeden Ortswechsels, zum Richter aller Zuverlässigkeit, zum Garanten aller Wahrheit. Im Hinblick auf diese wundersame Transparenz bewerten wir alle anderen Übermittlungen. Angefangen natürlich bei dem religiösen Wort, das im Vergleich zu diesem Ideal übel dasteht, da es nichts übermitteln kann, ohne es von Grund auf zu verwandeln. Aber man täusche sich nicht: an der Elle der Doppelklick-Kommunikation gemessen werden die Wissenschaften selbst, diese herrlichen Hervorbringungen, auf die wir so stolz sind, genauso unwahr, unzuverlässig, undurchsichtig, manipulatorisch, entstellend, trügerisch wie die religiöse Aussage. Sie hatten nur das Glück, daß man es aus politischen Gründen, die mit der Organisation der modernen Welt selbst zu tun haben, niemals unternommen hat, sie zu beschreiben – jedenfalls bis vor kurzem.

Andere sind würdiger als er, wieder von Religion zu reden: Sie wurden höherer Eingebung teilhaftig, empfingen geheime Wundmale an der Seite, oder ein heiliges Salböl hatte ihre Stirn beträufelt. Ihn aber hat nichts designiert, niemand hat ihm ein Mandat gegeben außer seiner Gewißheit, daß seine Modifizierung der gängigen Auffassung von den Wissenschaften (wie er sie geleistet zu haben meint) alles übrige zu ändern vermag – angefangen bei der Religion. Was ihn zu sprechen befugt, was ihm zu dieser unmöglichen Aufgabe Mut macht, ist, daß er die Wissenschaft*en* und ihre Transformationen erforscht hat, wo seine Vorgänger nur die Wissenschaft und die Doppelklick-Kommunikation sahen. Für ihn gab es bislang noch nie einen glaubwürdigen Vergleich zwischen gelehrten und religiösen Aussageformen. Die Bühne war ständig von der Kommunikation besetzt. Sie aber hat die Übermittlungsformen, die ihre Verlagerung durch enorme und gefährliche Transformationen bezahlen mußten, nur lächerlich gemacht. Und im Gegensatz zu einer Art gewissermaßen schwarzfahrender Wahrheit erscheinen alle anderen tatsächlich als schwerfällig und verfälschend, mühen sie sich doch schwitzend über steinige Wege wie armselige Bauern, wie holzbeladene Eselein, an denen ein Hochgeschwindigkeitszug vorbeizischt.

Was aber geschieht, wenn man aufhört, diese beiden Transportmodi – den der Wissenschaften (Transformation und Information), den der Religion (Transformation und Übersetzung) – anders zu messen als am Maßstab der Doppelklick-Kommunikation, um sie miteinander zu vergleichen? Welcher Platz kommt der religiösen Aussage zu, vergleicht man sie nicht mehr mit *der* Wissenschaft, sondern mit *den* Wissenschaft*en*, die der Verfasser in den letzten fünfundzwanzig Jahren untersucht hat? In welcher neuen Ökologie können diese beiden Praxisformen sich entfalten und Abstand gewinnen? Er behauptet einer der ganz wenigen zu sein, die wieder von Religion sprechen dürfen, weil er in Sachen Wissenschaft ebenso Agnostiker ist wie in Sachen Glauben. Die meisten anderen wünschen (sofern ihnen das Thema nicht völlig egal ist), entweder in offensiver Apologetik die Wissenschaft auf das Territorium der Religion auszudehnen oder, in defensiver Apologetik, das Territorium der Religion vor der Wissenschaft zu schützen. Er – er allein? – denkt nicht, daß es um ein Territorium geht, weil die Wissenschaften die Welt nicht mit roten oder grünen Flächen überziehen wie die politischen Reiche auf den Landkarten; sie nisten sich dort ganz anders ein: wie Termiten entlang enger Schächte, die sie von innen her bearbeiten, indem sie sie verdauen. Andererseits weiß er wohl, daß der Köhlerglaube an *die* Wissenschaft die Geister derart beherrscht, daß er keine Aussicht hat, sich Gehör zu verschaffen. Ohne Mandat, ohne Befugnis strauchelt er weiter, wie jeder Zyklothyme hin- und hergerissen zwischen Megalomanie und »Mikromanie«. Die Stimme eines Rufers in der Wüste.

Das Gegenbeispiel des Liebesgesprächs

Glücklicherweise verfügen wir alle über die tägliche Erfahrung mit Gesprächsformen, die in der Doppelklick-Kommunikation nicht aufgehen. Stellen Sie sich einen Liebenden vor, der die Frage »Liebst du mich?« mit dem Satz beantwortet: »Aber ja, du weißt es doch, ich habe es dir letztes Jahr schon gesagt.« (Man kann sich sogar vorstellen, daß er diesen denkwürdigen Satz aufgezeichnet hat und sich damit begnügt, jene Frage mit einem Druck auf die *Replay*-Taste seines Aufnahmegeräts zu beantworten, um so den unbestreitbaren Beweis dafür zu liefern, daß er wahrhaft liebt ...) Wie könnte er entschiedener bezeugen, daß er endgültig aufgehört hat zu lieben? Er hat das liebevolle Ersuchen als Informationsfrage aufgefaßt, ganz als hätte er vor, mittels eines Dokuments, einer Karte, durch den Zeit-Raum hindurch einen Weg zum entlegenen Territorium jenes Tages zu zeichnen, an dem er offiziell seine Liebe erklärte.

Angesichts dieser Antwort verstünde jeder unparteiische Beobachter, daß der Liebhaber nichts verstanden hat. Denn die Freundin fragte ihn ja nicht, ob er sie geliebt *habe*, sondern ob er sie *jetzt* liebe. Dies ist ihr Ersuchen, ihre flehentliche Bitte, ihre Herausforderung.

Es ist durchaus möglich, daß der Liebende, sollte ihm der geforderte Sprechakt gelingen, einen Satz zur Antwort gibt, der wortwörtlich dem entspricht, den er tatsächlich ein Jahr zuvor äußerte. Vergliche man die beiden Aufzeichnungen, ließe sich formal kein Unterschied ausmachen: Sein Informationsgehalt, wie die Informatiker sagen würden, wäre gleich null. Umgekehrt mag es dem Liebhaber gelingen, dieselbe Liebe nicht durch Wiederholung derselben Formel, sondern durch etwas ganz anderes auszudrücken, das mit dem Satz, auf den er sich besinnen soll, keinerlei *Ähnlichkeit* hat: durch eine Geste, eine Aufmerksamkeit, einen Blick, einen Scherz, ein Zittern in der Stimme. In beiden Fällen ist die Relation nicht mehr die einer Karte zu einem Territorium, zu dem sie über eine Kette von Transformationen führt, die eine konstante Größe enthalten. Entweder *dissoziiert* diese Relation Sätze, die sich wortwörtlich gleichen, aber infolge der Entwicklung, die von ihnen Besitz ergriffen hat, ganz Unterschiedliches besagen, oder sie macht divergierende Äußerungen durch Sprechformen synonym, die einander keineswegs gleichen.

Sobald man von Liebe spricht, gehen Buchstabe und Geist unterschiedliche Wege.

Und so hält sich die Liebende auch nicht an die Sätze selbst, weder an ihre Ähnlichkeit noch an ihre Unähnlichkeit, sondern an den *Ton*, an die Art und Weise, in der er, der Liebhaber, dieses alte, verbrauchte Thema aufgreift. Mit bewundernswerter Präzision, sekundengenau wird die Liebende durchschauen, ob das alte Lied den neuen Sinn eingefangen hat, den sie sich erhoffte, ob sie augenblicklich die Liebe ihres Liebhabers erneuert hat, oder ob die abgenutzten Worte den Überdruß an einer Beziehung durchscheinen lassen, die seit langem zu Ende ist. Der Satz transportiert keinerlei Information, und doch fühlt sie, die Liebende, sich hingerissen, verwandelt, nahezu erschüttert, verändert, wiederhergestellt – oder im Gegenteil distanziert, geknickt, vergessen, abgelegt, gedemütigt. Folglich werden tagtäglich Sätze ausgesprochen, deren Hauptzweck nicht darin besteht, Referenzen nachzuzeichnen, sondern etwas ganz anderes hervorzubringen: *Nahes* oder *Fernes*, Nähe oder Distanz. Wer hätte diese Erfahrung noch nicht gemacht?

Wie sollte man nicht das Gefühl haben, daß der Versuch irreführen würde, jene Aufforderung zum Sprechen einzig an der Elle nichtdeformierter Kommunikation zu messen? Zwar haftet dem Liebesgespräch stets auch ein Stück weit Referenz an: Es teilt

Wesentliches über den inneren Zustand, die Psychologie, die Aufrichtigkeit der Sprecher mit, genau wie umgekehrt noch die strikteste Information stets auch ein Angebot zu Nähe oder Abstand enthält – manche gewinnen ja noch der mechanischen Stimme der Zeitansage Reize ab. Aber hier kommt es zunächst einmal darauf an, die Kontraste zu verstärken, das Spezifische der Aussagen herauszuarbeiten, ihre jeweilige Wellenlänge; Interferenzen und Zwischentöne können später berücksichtigt werden. So gemischt sie in der gewöhnlichen Praxis auftreten mögen, die Bedingungen ihres »Glückens« (wie es in der Sprachphilosophie heißt) bleiben inkommensurabel. Beide urteilen, indem sie wahr und falsch unerbittlich unterscheiden, definieren wahr und falsch aber verschieden. Was die eine als Wahrheit auffaßt, ist für die andere eine skandalöse Entstellung, und umgekehrt. Sie lassen sich nicht einmal in eine übergeordnete, beide umfassende Sprache übersetzen, denn ihre Definition dessen, was jeweils »Transformation«, »Deformation«, »Lüge«, »Wahrheit«, »Übertragung«, »Zuverlässigkeit«, »Unzuverlässigkeit« heißt, schwankt in Abhängigkeit von dem sprachlichen Register, von dem Notenschlüssel, der am Anfang der Partitur steht (wobei die Begriffe »Vergleich«, »übergeordnet« und »Verstehen« ebenfalls von der einen zur anderen Form schwanken). Daher ist es so schwierig, wieder ins Gespräch zu kommen, wo Doppelklick-Kommunikation unumschränkt herrscht: Man versteht nicht mehr, wie wenig man sich versteht.

Zugang zu Fernem, Zugang zu Nahem

Es gilt, diesen Unterschied nicht zu vertuschen, ganz im Gegenteil: ihn mit allen möglichen Mitteln herauszuarbeiten, zu erforschen, sich mit ihm vertraut zu machen, denn nur so wird kein Ärgernis erregt, wenn aus dieser Differenz zwischen den sprachlichen Registern die unvermeidliche Schlußfolgerung zu ziehen ist: die sogenannt religiösen Worte *haben keinerlei Referenz* – nicht mehr als der Austausch zwischen Liebenden. Zwar haben sie einen Bezugspunkt, sie enthalten durchaus Wesentliches; werden sie bewußt eingesetzt, sind sie weder eitel noch leer. Sie verfügen also durchaus über einen Referenten im linguistischen Sinn des Wortes. Aber sie haben keinen Referenten in dem präzisen Sinn, den die Wissenschaftsforschung zu definieren ermöglicht hat: Sie bringen keine Information über eine Kette hierarchisierter Dokumente hervor, von denen jedes dem folgenden als Ausgangspunkt zu weiterer Bearbeitung dient. Denn mit diesen ebenso geheimnisvollen wie banalen Sätzen wünscht man sich anzunähern, nicht sich zu entfernen. Sie verschaffen keinen Zugang. Sie unterrichten über gar nichts. Sie leiten nicht weiter. Sie bilden keine Handhabe für irgendeine Inbesitznahme. Mit ihnen *gelangt man nirgendwohin*, die Vehikel – die Aussagen, Worte, Texte, religiösen Rituale – führen nicht weiter. Kein Anschluß unter dieser Nummer.

Um so besser, denn darum geht es auch nicht. Nichts hat die religiösen Worte unverständlicher, unaussprechbarer gemacht als diese gottlose Angewohnheit zu tun, als könnten auch sie dem Weg der Referenz folgen, bloß weniger deutlich, weniger klar, weniger beweisbar. Als müsse der Übermittlung klarer und distinkter Botschaften die Übermittlung dunkler und chiffrierter *hinzugefügt* werden. Als unterschieden die Aussagen sich nur durch das zu erreichende Ziel, bestünden aber im Grunde aus demselben Stoff, geeignet für dieselben Reisen entlang derselben Wege. Als könne man der Herstellung von Informationen, die sich entlang von Referenzketten erproben und verifizieren lassen, eine Herstellung von Information über das hinzufügen, was *niemand* auf die Probe stellen und verifizieren kann; als könne man selbst dann noch von Information oder Quasi-Information sprechen, wenn es *keinerlei* gesichertes Verfahren gibt, durch sukzessive Umformungen hindurch eine konstante Größe beizubehalten. Hierin liegt der unglückliche Ursprung des Glaubens, dessen wir uns entledigen wollen.

Bedeutet Glaube soviel wie Vertrauen, dann – das wissen wir alle – ist er uns so unentbehrlich wie die Luft, die wir atmen. Ohne Kredit ist kein Austausch, kein Leben, Denken, Sprechen möglich. In diesem Sinne wäre der Agnostiker ein asozialer und autistischer Irrer. Im Sinne einer *Forderung nach einem Zugang, dem die praktischen Mittel zu jedwedem Zugang benommen sind*, ist der Glaube ein von dem Konflikt zwischen Wissenschaft und Religion hervorgebrachtes Artefakt – von einem Konflikt, der selber künstlich ist. Nichts ist dann unerläßlicher als Agnostiker zu werden. Es sieht ganz danach aus, als habe die Religion bei ihrem Versuch, sich des als schädlich erachteten Einflusses der Wissenschaft zu erwehren, ihr nacheifern und sie übertreffen wollen, aber unter Einsatz desselben Vehikels. Man entledigt sich der überflüssigen Bürde des Glaubens, indem man den Gläubigen vor die Wahl stellt: Entweder suchen Sie Zugang zu Fernem, dann verschaffen Sie sich die Voraussetzungen dafür, indem Sie mögliche Informationsträger hierarchisieren; oder Sie suchen nicht Zugang zu Fernem, sondern Annäherung an Ihren Adressaten, und dann ist das, was Sie aufnehmen, niemals Information. Beides miteinander verwechseln heißt ebenso vollständig irren wie der Liebhaber, der die Frage »Liebst du mich?« mißversteht. Keine Zwischenlösung, kein Kompromiß.

Das Artefakt einer »anderen Welt«

Warum macht der Glaube an den Glauben jede Wiederaufnahme religiösen Sprechens unmöglich? Weil er das Denken in eine virtuelle Welt abschweifen läßt, zu der man Zugang haben »könnte, wenn bloß« jene Mittel zu Gebot stünden, über die die Informationsprogramme verfügen, während sie ausgerechnet dem Glauben für immer benommen sind. Dieser Taschenspielertrick, und er allein, erzeugt die Illusion einer anderen Welt, zu der der religiöse Diskurs über irgendeinen wundersamen Salto allein Zugang verschaffen soll. Man hat sogar gewagt, sich eine Art Wettlauf, einen Wettkampf, eine Meisterschaft vorzustellen, wobei es darum ginge zu ermitteln, ob die informationelle oder die religiöse Rede weiter führen, weiter tragen würden. Als würden sich Hase und Schildkröte auf demselben Terrain miteinander messen, dem der Geschwindigkeit und Reichweite! Und um den von vornherein verlorenen Wettlauf zwischen dem langsamen und sicheren Vorankommen der gelehrten Schildkröte und den glänzenden Sprüngen des theologischen Hasen obendrein zu verfälschen, verstieg man sich zu der Behauptung, erstere bewege sich in »der schlicht materiellen und sichtbaren Welt«, während der zweite »in eine geistige und unsichtbare Welt« zu entspringen vermöchte. Nie wurde die religiöse Rede stärker in die Irre geführt, beleidigt, pervertiert, niemals der Name G. frevelhafter mißbraucht als wenn man behauptete, man besitze das Mittel, über jenes Wort in eine andere Welt *jenseits* der irdischen zu gelangen. Es gibt ebensowenig ein Jenseits wie einen Glauben *an* »Gott«; es gibt keine »geistige« Welt, die der »materiellen« hinzuzufügen wäre. Es ist gleichermaßen unnütz, sich »Grenzen« der wissenschaftlichen Erkenntnis vorzustellen, jenseits deren man auf ein anderes Vehikel zurückgreifen muß, ein leichteres, schnelleres, flüchtigeres. Der Arbeit an der Referenz sind keine Grenzen gesteckt: Wo auch immer sie ihr Datennetz ausbreiten kann, schreitet sie sicheren Schritts voran. Glauben, daß es eine andere Welt gäbe oder der Zugang zu unserer irdischen Welt Grenzen habe, Säulen des Herkules, die zu überschreiten frevelhaft wäre, entspringt einer Verwechslung unterschiedlicher Sprechakte.

Vielleicht gibt es eine geistige, von der Informationsübermittlung per Doppelklick tatsächlich grundverschiedene Art, *in* dieser Welt zu sprechen, aber es gibt keine »geistige Welt«, die die andere ergänzte. Läßt man im übrigen die Frömmeleien *der* Wissenschaft beiseite, um sich *den* Wissenschaft*en* selbst zuzuwenden, den echten, in ihrer Schönheit, ihrem referentiellen Fortschreiten, ihrem Hervorbringen und Übermitteln von Karten oder Modellen, dann ist zu bemerken, daß sie nicht eine materiellere und sichtbarere, stumpfere und niedrigere Welt abbilden. Nur wer nie das Langwierige, das Prekäre, den Glanz, die Originalität der Referenzkaskaden kennengelernt hat, die einem Astronomen erlauben, sich bis an die Grenzen des Urknalls heranzutasten, einem Ozeanographen, tektonische Bewegungen zu kartographieren, einem Mathematiker, den Beweis eines Theorems über die Zahlentheorie zu führen, einem Historiker, die Spuren einer bislang völlig unbekannten Volkserhebung zusammenzustellen, wird glauben können, daß die aus dem Kielwasser der Wissenschaften auftauchende Welt materiell und sichtbar, objektiv und stur, schlicht und dumm »da« ist. Was gibt es denn schon »Geistigeres« – sofern man wirklich auf dieses Adjektiv Wert legt – als die von wissenschaftlichen Prozessen hervorgebrachten Welten? Was in jedem Fall weniger *unmittelbar* Sichtbares? Wenn es nicht möglich ist, ohne Umschweife und Präliminarien von der Religion zu sprechen – wieviel Vermittlungsschritte braucht es dann, um wahre oder falsche Sätze auch nur über die kleinste Mikrobe, den entferntesten Stern, die kürzeste Interaktion zwischen Teilchen, die banalste Wirtschaftsform zu äußern? Wenn es etwas Unmögliches gibt, so besteht es darin, geradewegs, ohne Mühe und ohne Kosten, zu wissenschaftlichen Referenzketten vorzustoßen. Auch der sichere Weg der Wissenschaft schreibt gerade nur auf krummen Wegen.

Umgekehrt darf man niemals die tiefe Enttäuschung ermessen haben, die jede religiöse Rede erzeugt, ja erzeugen muß, um wahrhaftig zu sein. Enttäuschungen, zunächst einmal Enttäuschungen. Gerade das allen religiösen Äußerungen gemeinsame radikale Fehlen jeglicher Information gibt die Gewißheit, niemals mit ihrer Hilfe zu Geheimnissen aufsteigen zu können, die über denen der Wissenschaft stehen, niemals zu höheren Mysterien, zu exaltierterer Spiritualität, zu weniger unentzifferbarem Heilswissen. Machen Sie einen Test: Stellen Sie alles zusammen, was die Engel der Bibel sagen – die doch angeblich beauftragt sind, »Botschaften zu überbringen« –, und Sie erfahren nichts, fast gar nichts. Der Informationsgehalt dieser zahllosen Anweisungen bleibt nahe Null, sofern sie nicht in gelehrten Schriften von Linguisten, Archäologen oder Engelforschern zu Indizien umgedeutet werden. Denn die Engel überbringen keine Botschaften: Sie verändern das Leben derer, an die sie sich wenden. Was sie vermitteln, ist nicht ein Informations*gehalt*, sondern ein neuer *Behälter*. Sie bringen keine Karten, um wissensdurstigen Wesen weiterzuhelfen, sondern verwandeln ihre Adressaten. Was sie überbringen, sind nicht Telegramme, sondern Personen. Wieviel Bytes transportieren wohl Ratschläge wie »Bekehrt euch!«, »Haltet euch bereit«, »Du bist gemeint«, »Habt acht!«, »Ave«, »Er ist nicht mehr hier«? »Hallo«, das erste Wort beim telefonischen Austausch – das, was Linguisten die phatische Funktion nennen – ist nicht weniger aussageträchtig: »Die Verbindung ist hergestellt«; »Sie werden am Telefon verlangt«.

Ein solcher Engel schwebte in dem Satz der Liebenden, die von ihrem Liebhaber verlangte, er möge heute seine Liebeserklärung wiederholen – mag der Elende auch aufgrund irrtümlicher Übersetzung nur eine Frage vernommen haben, die ihn veranlassen sollte, sich über eine Referenzbrücke auf ein Ereignis zu beziehen, das zwölf Monate zurückliegt. Gewiß, man kann, man muß Botschaften, die über die Welt informieren sollen, von solchen unterscheiden, die die Bewohner der Welt verändern sollen; aber diese notwendige Unterscheidung darf nicht mit der zwischen einer Information über diese Welt einerseits und einer (dunklen, geheimnisvollen, verlorenen, chiffrierten) Information über eine »andere« Welt verwechselt werden. Kein Streben nach dem Jenseits entstammt religiöser Eingebung. Entweder handelt es sich um Information, und dann führt sie zu Welten – zu den einzigen, die es gibt; oder aber es handelt sich nicht um Information, und sie *führt* nirgendwohin – kann dafür jedoch viele andere Wunder vollbringen. Ein Zwischending gibt es nicht.

Diese Grundenttäuschung ist unvermeidlich: Die

Religion führt zu nichts. Zutreffend ist das genaue Gegenteil der sozialen, soziologisierenden Erklärungen, die das Bedürfnis nach Religionen aus einem Willen herzuleiten meinen, eine allzu leere Welt zu füllen oder umgekehrt, je nach der gewählten Metaphorik, als Mittel, die überfüllte Welt ein wenig auszuhöhlen, um ihr Transzendenz einzubauen. Als müßten die frustrierten Seelen die Löcher im Dasein durch das Schauspiel höherer Wahrheiten ausfüllen; als mache die Leere einer bloß materiellen und kommerziellen Welt eine seelische Beigabe erforderlich, um dem eitlen Dasein ein wenig Trost zu spenden; als müsse der Himmel mit fröhlichen Farben ausgemalt werden, um das Grau in Grau des Alltags einigermaßen erträglich zu machen; als müsse die Todesangst durch die Beschwörung von Ektoplasmen beschwichtigt werden, die in einer jenseitigen Welt ein höheres Dasein fristen. Es verhält sich genau umgekehrt: Keine Frage wird gelöst, kein Geheimnis offenbart, keine Sünde vergeben, kein Gebet erhört, kein Verlust gelindert. (Warum dann überhaupt darüber reden?) Es geht keineswegs darum zu beschwichtigen, auszuhöhlen, aufzufüllen. »Er ist nicht mehr hier, sehet die Stätte, da sie ihn hinlegten.« Wir werden kein Zeichen erhalten. Keine Antwort auf die »großen Daseinsfragen«. (Warum dann aber jene alten Geschichten aufwärmen?) Die Welt ist nicht so niedrig, daß man sie erhöhen müßte. Sie wimmelt geradezu von Transzendenzen, man muß ihr nicht irgend etwas hinzufügen, um sie zu veredeln; sie ist so ausgefüllt, daß man sie nicht zu überhäufen, so luftig, daß man sie nicht auszuhöhlen braucht. (Was ist das Religiöse, wenn es nicht mehr zum Jenseits führt?) Glücklicherweise entgeht uns mit dem Verzicht auf die andere Welt nicht sehr viel, beruhte sie doch nur auf einer Illusion hinsichtlich der Möglichkeit, weiter, rascher, höher zu gelangen als es die geduldige, akribische und positive Arbeit an der Referenz es zuläßt. Indem die Religion auf diese Weise enttäuscht, sägt sie nicht den Ast ab, auf dem sie sitzt, denn da ist kein Ast, und sie sitzt anderswo sicher, wie wir alle: in der von den Wissenschaften erkannten und vom Common sense bewohnten Welt. Wer die geringste Aussicht haben will, in zutreffender Weise von Religion zu reden, muß zunächst einmal mit all seiner Kraft, von ganzem Herzen und mit ganzer Seele die Wissenschaften lieben und die Welten achten, die in ihrem Kielwasser auftauchen.

Es gibt keine andere Welt, aber verschiedene Arten und Weisen, in der vorhandenen zu leben, und auch verschiedene Arten und Weisen, sie zu erkennen. Jedem religiösen Geist müßte die Auffasssung vom Spirituellen als einem allmählichen Aufstieg zu einem anderen Reich, zu dem man durch der Form, aber nicht den Eigenschaften nach referentiellen Formulierungen Zugang erhält, eigentlich ein Greuel sein. Vielleicht gibt es wirklich spirituelle Menschen, aber der sichere Test, sie von den falschen zu unterscheiden, besteht darin, ob sie ihre Gesprächspartner »nach oben« führen, indem sie versuchen, den Wegen der Information mit anderen Mitteln Konkurrenz zu machen, oder sie im Gegenteil nach und nach herabführen zu Sprechakten, die den Sprecher transformieren, ohne seinen Wissensdurst im geringsten zu schmälern. Wenn sie den Anspruch erheben, Ihre *libido sciendi* zu dämpfen, Ihnen Geheimnisse zu enthüllen, Sie in Mysterien einzuweihen, Sie zu hehren Sphären zu erheben, meiden Sie sie; aber halten Sie sich an die, die Sie den Rhythmus jener Worte wiederfinden lassen, die zwar keinen Zugang eröffnen, die nirgendwohin versetzen, vor allem nicht weiter und höher, die Sie aber transformieren, Sie selbst, jetzt, da Sie angesprochen werden. Das Beste wäre noch, überhaupt jeder Spiritualität aus dem Weg zu gehen oder vielmehr, um es weniger provokativ zu formulieren, sich ein paar Jahre, ein paar Jahrzehnte lang den Reflex abzugewöhnen, Religion mit Höhe zu verbinden. Wie wäre es, wenn wir damit aufhören würden, jedesmal seufzend die Augen zum Himmel zu verdrehen, wenn wir das Wort Religion hören? Ja, wie wäre es, wenn wir gewissermaßen eine Auszeit nehmen, ein Sabbatjahr, ein Jubeljahr einlegen würden, während dessen wir uns den Umgang mit Spirituellem versagen und die Schulden, die Übersetzungsdefizite abtragen würden? Eine Art Moratorium, eine Brachzeit, um uns jene bedingten Reflexe abzugewöhnen, die die religiöse Rede unnütz lähmen.

Die perverse Lust an Geheimnissen

Warum ist es so schwierig geworden, den Unterschied herauszuarbeiten zwischen dem, was den Zugang zu Fernem erschließt – der Referenz –, und dem, was das Transformieren einer fernstehenden in eine nahestehende Person erlaubt – der Konversion? Aufgrund jenes Begriffs »Geheimnis«, den der Glaube an den Glauben vernebelt hat. Zwar bleibt das Mißverständnis zwischen der Frage der Liebenden und der Antwort ihres begriffsstutzigen Partners schwer zu definieren, zwar ist es ohne einen Satz, der ebendiese Wirkung einer Umkehr hätte, nicht direkt zu fassen, zwar wird schließlich kein förmlicher Beweis den, der nicht mehr liebt, dazu bringen zu verstehen, wie er sich hätte verhalten, in welchem Geist er hätte antworten sollen. Aber wenn das so schwer festzustellen bleibt, ist doch nichts daran unverständlich oder unaussprechlich. Im übrigen stellt die Kaskade von Wirkungen, die in der realen Praxis der Wissenschaften erlaubt, eine Karte mit einem Territorium zu verbinden und dann zwischen beiden hin und her zu wechseln, ein ebenso tiefes Geheimnis für das Begreifen dar. Wer den Tiefgang der Liebe gegen die Oberflächlichkeit der Information ausspielen würde, würde sich heillos verrennen. Beide Sprachregister setzen schwindelerregende Transformationen zwischen den Wörtern und den Dingen voraus. Es ist nicht leichter zu verstehen, wie eine bestimmte Größe durch die Referenzkette hindurch konstant bleibt, als zu verfolgen, durch welchen Mechanismus der Klang einiger wohlgesetzter Worte ermöglicht, die zwischen zwei Liebenden gewachsene Entfremdung zu beenden. Nur der Mythos der Doppelklick-Kommunikation verschafft uns die Illusion, als ließe sich bar jeglicher Vermittlung, durch reine Transparenz unmittelbar eine Verlagerung erreichen, die nicht mit irgendeiner Umformung bezahlt werden muß. Infolgedessen bezeichnet das Adjektiv »geheimnisvoll«, trotz der sehr realen Schwierigkeiten, von denen die wissenschaftliche oder religiöse Arbeit zeugt, in beiden Fällen nichts Dunkles, Unerreichbares oder Unaussprechliches: Nur eine Geste, die geübt sein will, eine Fertigkeit, die es lange zu trainieren gilt, wenn das Leben gelingen, wenn weder das Ferne noch das Nahe verlorengehen sollen. »Geheimnisvoll« bezeichnet nicht etwas Verborgenes, Dunkles oder Chiffriertes, sondern etwas Riskantes, Geschicktes und Gelungenes.

Leider sind die Übersetzungsrückstände derart angewachsen, daß man noch den Begriff des Geheimnisses selbst an den Nagel gehängt und die wahren Schwierigkeiten gegen falschen Tiefgang eingetauscht hat. Die Fähigkeit wissenschaftlicher Äußerungen, zu Fernem hinzuführen, wurde bewahrt, während alle subtilen, den Wissenschaftlern geläufigen Mechanismen gekappt wurden, mit denen sie bei jedem Schritt überprüfen können, ob ihre Aussage sich tatsächlich auf irgend etwas bezieht. Ist dieser Humbug einmal etabliert, bleiben nur noch ungeschickte, sinnlose, verlogene Fragen wie die, von der der gesunde Menschenverstand oft meint, sie stelle den Kern der Religion dar, wo sie heute doch nur zu einem weiteren Frevel geworden ist: Antwortet man auf die Frage »Glaubst du *an* Gott?« mit »Ja, ich glaube *an* Gott«, tut man so, als glaube man, dieser Dialog müsse einem anderen gleichen wie zum Beispiel: »Glaubst du an die globale Erderwärmung?« – »Ja, aufgrund der jüngsten Ergebnisse, die zeigen, daß die letzten zehn Jahre die wärmsten waren, seit ein weltumspannendes Netz von Wetterstationen die Temperaturen auf verläßliche und standardisierte Weise mißt.« Während jedoch die zweite Frage ausgezeichnet formuliert ist, ist die erste *fehl am Platz*. Für den Glauben »an Gott« verfügen wir nicht über das Netz von Instrumenten, Laboratorien, Satelliten, das erlauben würde, Daten wie die, über die wir in bezug auf das Klima verfügen, zu erfassen, zusammenzutragen und im Modell darzustellen. Und man versuche nicht, das Gesicht zu wahren mit der Behauptung, das Unvollkommene der Referenz im ersten Dialog sei auf den Gegensatz zwischen Sichtbarem und Unsichtbarem zurückzuführen, denn die globale Erderwärmung ist für das nackte, nicht wissenschaftlich gerüstete Auge genauso unsichtbar wie jener »Gott«, von dem behauptet wird, er lasse sich durch einen Erkenntnisakt erreichen, den freilich ein seltsamer Sabotageakt auf immer unvollendet läßt. Dies ist einer der Prüfsteine, das wahre Geheimnis vom falschen zu unterscheiden: im ersten Austausch hält man an dem Willen zur Referenz fest, hütet sich aber wohlweislich, einen gangbaren Weg anzubieten, auf dem ein befriedigender Abschluß zu erzielen wäre. Die Frage macht Ihnen nur Lust darauf, den Weg der Information einzuschlagen, drückt Sie in die Startblöcke, aber sobald Sie losstürmen, stolpern Sie schon, da Sie in diesen Angelegenheiten über keinerlei Beweisführung verfügen, die Ihnen erlaubt, die Arbeit durchzuführen und verifizierbares Wissen zu erstellen. Man hat sich über den armen Gagarin, den ersten antiklerikalen Weltraumreisenden, allzusehr lustig gemacht, weil er die Nichtexistenz »Gottes« dadurch hinreichend nachgewiesen haben wollte, daß er ihn von dem winzigen Bullauge seiner engen Kabine aus nicht wahrnahm. Sein Beweis war jedoch vortrefflich, da er der Forderung der wissenschaftlichen Instrumente nach Sichtbarkeit exakt entsprach. Im Himmel gibt es keinen »Gott«.

An ebendiesem Punkt lauert der Teufel und bietet dem gierigen Blick die grandiose Aussicht auf einen Weg zur Hölle, der mit guten Vorsätzen gepflastert ist. »Und wenn die Schwierigkeit, auf die Frage zu antworten« – flüstert er uns ein – »daher kommt, daß jene hohen und tiefen Dinge sich der Referenz definitiv entziehen; wenn man die zugänglichen und sichtbaren Dinge gar nicht um unsichtbare und unzugängliche ergänzen müßte; wenn sie Geheimnisse bildeten, die man nicht zu ergründen suchen sollte; wenn es gar gottlos wäre, ihnen nachzugrübeln?« Verständlicherweise ist die Versuchung stark, den Pfeil der Referenz, die zielende Bewegung, beizubehalten, aber auch gleich hinzuzufügen – da man ja nirgendwo Halt findet und das Ferne nicht zu fassen ist –, daß man irgendeinen subtilen Gegenstand am Haken habe, der sich jedem Zugriff entziehe. Denn der Teufel hat es faustdick hinter den Ohren; in wahrhaft bewundernswerter Verstellung kann er sogar Bescheidenheit mimen: »Wer bist denn du, daß du Geheimnisse durchdringen willst? Beuge das Haupt, stolzer Sicamber[1], und begreife zumindest, daß du sie nicht begreifen kannst.« Und zwischen Einflüsterungen und Aufreizungen, Finten und Versuchungen akzeptiert man endlich, daß die Religion wirklich aus

1 Anspielung auf die Bekehrung des Frankenkönigs Chlodwig (um 500), der die Christianisierung Frankreichs zugeschrieben wird. (A. d. Ü.)

unergründlichen Geheimnissen besteht … Damit sind wir geliefert. Diese Geheimnisse überfordern uns, tun wir so, als würden wir über sie verfügen. Das ist derart bequem, das erleichtert die Dinge dermaßen: Nichts muß wieder aufgenommen, wieder verstanden, wieder erneuert werden. Das Übersetzungsdefizit läßt sich schmerzlos weiter vertiefen: Jedesmal, wenn der zeitliche Abstand die Worte unverständlich gemacht hat, werden wir sagen, daß sie tatsächlich unverständlich sind, und zwar weil sie es sein *müssen*, weil es sich um tiefe Geheimnisse handelt – wo wir doch bloß vergessen haben, sie neu ins Spiel zu bringen. Wie könnten wir einer solchen Droge widerstehen? Und so lassen wir uns hinabführen bis zur letzten Stufe der Vergiftung, auf der der Teufel angesichts der schwindelerregenden Menge falscher Geheimnisse die besten Geister mit seiner List dahin bringt, jenen ungeheuerlichen Satz auszusprechen: »*Credo quia absurdum*«, »Ich glaube, *weil* es absurd ist.« Und wir feiern diesen Satz, der doch nur von feigem Verzicht zeugt, wie ein neues, bewundernswertes Geheimnis, während es mit uns immer weiter bergab geht: »Was für einen Mut«, sagen wir, »was für einen unerschütterlichen Glauben hat doch der, der so verzweifelte Formeln in den Mund nimmt!« Ja, er wird viel Mut brauchen in den Flammen der Hölle, die ihn jetzt von allen Seiten umgeben – einer Hölle, in die er mit einem Schlag stürzte, während er glaubte, mit einem doppelten Salto mortale direkt ins Paradies zu gelangen. Dahin gelangt, wer sich allzu willig auf Geheimniskrämerei einläßt. In diesem Feuer enden die, die an den Glauben glauben.

Statt die Frage »Glaubst du *an* etwas?« beantworten zu wollen, hätten wir die Antwort verweigern und uns höflichst entschuldigen sollen: »Tut mir leid, aber die Frage ist nicht richtig gestellt, nicht zutreffend formuliert«, oder auch unfreundlicher: »Auf eine dumme Frage gibt es eine dumme Antwort.« Tatsächlich konnte die Frage nirgendwohin führen. Oder vielmehr, sie versuchte gerade, irgendwohin zu führen, nämlich zu einem fernen Territorium, von dem sich behaupten ließe, man könne anschließend entscheiden, ob jenes besondere Wesen »Gott« dort anwesend ist oder nicht. Und natürlich hätte man uns wie zufällig am Ende dieser Diskussion erklärt, es gebe kein Mittel, kein Instrument, kein Verfahren, um darüber zu befinden. Die Aussage gab vor, sie habe einen Wahrheitswert, der sich durch Ja oder Nein, *p* oder *q*, berechnen ließe, und erwies sich schließlich als ohne jeden Wahrheitswert.

Auf ein ganz anderes Sprachspiel hätten wir zurückgreifen müssen: »Stellen Sie mir lieber eine Frage, die nicht versucht, irgendwohin zu führen, sondern die ermöglicht, jemanden umzuschmieden.« Eine Frage zum Beispiel, die statt der Form »Glauben Sie an die globale Klimaerwärmung?« eher die

Form hätte: »Liebst du mich?« Bezieht man sich auf dieses neue Muster, wird sehr bald klar, daß in einem solchen Sprachregister keinerlei Dunkelheit zulässig ist. Während die vorhergehenden Fragen das Geheimnis zuließen, muß diese von vornherein verstanden werden, soll sie nicht für den, den sie verändern, zur Umkehr bringen, transformieren soll, *wirkungslos* bleiben. Die Liebende hätte eine sehr niederträchtige Rolle gespielt, hätte sie ihr Liebesverlangen unter einer so undurchsichtigen Formel verhehlt, daß der Liebhaber weder ihre Forderung noch ihre Herausforderung verstanden hätte. Die Sünde wäre dann nicht von ihm ausgegangen, der sich weigerte, die Mahnung zu verstehen, sondern von ihr, die bewußt die Prüfung verfälscht und ihm unmöglich gemacht hätte, die Probe zu bestehen. Eine unverständliche Aufforderung zur Umkehr ist eine unwahre, frevelhafte Aufforderung. Der ungeheuren Schwierigkeit der geforderten Transformation das falsche Ärgernis um ein falsches Geheimnis hinzufügen, ist vielleicht die größte Sünde in Sachen Religion. Sofern die Untersuchung wacker ihrer Referenztätigkeit nachgeht, schlecht und recht die Information herbeischleppt wie die weise Schildkröte[2] – aber dazu muß man ihr Reisemöglichkeiten und Zugang zu Fernem verschaffen, sie auch hinreichend mit Salat stärken …

2 Allwissende Rätsellöserin in französischen Kindermärchen. (A. d. Ü.)

Und um Himmels willen, verlangen Sie nicht von der Schildkröte, »die Existenz Gottes zu beweisen«; sprechen Sie nicht von Geheimnis, wenn sie unverrichteter Dinge zurückkommt; stimmen Sie nicht ein Loblied auf die notwendige Absurdität des Glaubens an, wenn kein Mensch Ihr Kauderwelsch versteht. Ich mag scheitern bei dem Versuch, mich klar auszudrücken, aber jedenfalls suche ich nicht bei der Dunkelheit der Geheimnisse meine Zuflucht.

Die Voraussetzungen für Pfingsten

Keine Ausrede ist zulässig: Wenn Sie von neuem bekehren wollen, müssen Sie klar sein wie der helle Tag (was natürlich unmöglich ist, da man niemals direkt von dem sprechen kann, worum es geht ...). Wenn die Heilige Schrift sagt, daß jedermann an Pfingsten die frohe Botschaft – die Reprise der alten Botschaft, die Erneuerung der inzwischen verblaßten Lehre, kurz: das Evangelium – *in seiner eigenen Sprache* verstand, werden die Voraussetzungen für das Glücken dieses Sprechakts der Apostel faßbar. Anstatt vom Phrygischen oder Parthischen in die Sprache der Galiläer übersetzen zu müssen, anstatt sich ihrer Ethnie entziehen zu müssen, um ihren Blick auf eine andere, exotische Welt zu richten, anstatt eine Reihe künstlicher Hindernisse mühsam aus dem Weg zum Verständnis räumen zu müssen, fanden alle diese unterschiedlichen Völker sich unmittelbar von einer erschütternden Forderung ergriffen: Keine andere Schwierigkeit wurde ihnen zugemutet als die – allerdings nennenswerte –, sich zu bekehren. Von diesem wahren Geheimnis der Transformation der Gesprächspartner beim Hören der Botschaft lenkte sie kein falsches Geheimnis ab, indem es ihnen beispielsweise vorgaukelte, ihnen Fernes nahezubringen. Im engen Bezirk ihrer Sprache, ihrer Ethnie, ihrer Zeit mit voller Wucht von dem heilbringenden Pfeil getroffen, konnten sie nirgendwohin fliehen – es sei denn, sie seien, wie die Schrift sagt, »voll süßen Weines« gewesen … Ach, wie sollen wir dieses *Vor*-Pfingsten nennen, das heute alle auf der Erde verstreuten Völker zwingt, *dieselbe*, unentzifferbar gewordene Botschaft *nicht* zu verstehen: sie verbirgt ihre Adresse so gut, daß man sich beim Hören gezwungen sieht, an eine andere Welt und an eine andere Zeit zu denken, hinieden an Jerusalem, an Rom, oder droben an den Himmel – Orte, die mangels Zugänglichkeit für immer unbestimmbar bleiben? Wenn an Pfingsten jedermann durch Einwirken des Heiligen Geistes dieselbe Botschaft in seiner eigenen Sprache verstand, wie sollen wir dann jenen Anti-Parakleten nennen, der die frohe Botschaft so wirkungsvoll verwirrt hat, daß es jedermann gelingt – o unsühnbarer Frevel! –, diese schlichteste Transformation nicht mehr zu verstehen, da sie in allen Sprachen allen Völkern zu allen Zeiten *gleichermaßen* fremd geworden ist? Wie sollen wir angesichts dieser Verkehrung der Gestalten des Universellen, der Formen der Katholizität nicht bittere Tränen vergießen?

Zwei unterschiedliche Formen von Universalien

Wenn wir die Übersetzungsmaschine wieder in Gang bringen wollen, wenn wir verstehen wollen, wie eine Botschaft trotz verunstaltender Übersetzungen »dieselbe« bleiben kann, müssen wir zwischen den unterschiedlichen Bedeutungen dieses Wörtleins differenzieren. Universalien darf man nicht nach Belieben miteinander vermischen. Entweder meinen wir eine durch *Normierung* oder eine durch *retrospektives Verstehen* produzierte Identität. Entweder suchen wir nach dem, was räumlich und zeitlich gleich bleibt, oder wir modifizieren unsere Art und Weise, Räume und Zeiten zu gliedern. Und auch da gilt es zu wählen.

Obwohl die erste Form insofern kaum besser bekannt ist als die zweite, als sie von einer verborgenen, ebenso sorgfältig den Blicken entzogenen wie mühseligen wissenschaftlichen Arbeit abhhängt, läßt diese Form sich doch leichter fassen, da sie weniger unter ihrem Gegensatz zur Doppelklick-Kommunikation litt. Dank der akribischen Arbeit der *Metrologie* und der unablässigen Skrupulosität der Metrologen ist es möglich geworden, allerorten dieselben Normalmaße zur Geltung zu bringen, die die Suche nach Konstanten erleichtern und die Erstellung und anschließende Erhaltung von Referenzketten ermöglichen. Keine Karte ohne den Urmeter, keine Wettervorhersage ohne Celsiusgrade und Hektopascal, keine Klassifikation von Winden ohne Beaufortskala, keine Angabe über den Lebensstandard ohne Warenkorb, kein Computer ohne den Pikosekundentakt der Atomuhren, keine Tonnagenberechnung ohne das Kilogramm Platin im Keller des Pavillon de Breteuil in Sèvres, wo Frankreich (die Heimstätte der Metrologie und älteste Tochter der Kirche) es unterirdisch aufbewahrt, allen Blicken entzogen.

Dank dieser langsamen, mühseligen und kostspieligen Aufrechterhaltung der Normen wirkt es weniger erstaunlich, daß die Meder und die Basken, die Mesopotamier und die Kalifornier sich derselben Zahlen, derselben Buchstaben, derselben Konventionen bedienen. Zu allen Zeiten, an allen Orten halten Referenzlaboratorien, internationale Organisationen mit großem Aufwand dieselben Konstanten *konstant*. Die Doppelklick-Kommunikation braucht anschließend nur die Arbeit der Metrologen und die Netze der Metrologie zu überspringen, um von einer Universalie zu sprechen, die nichts kostet, kein Instrument braucht, kein Team, keine Institution. So kann sie der Wissenschaft ihr wertvolles Siegel undiskutierbarer Universalität verleihen. Und als Klischee einer wissenschaftlichen Feststellung wiederkäuen: »Bekanntlich kocht Wasser bei gleichem Luftdruck überall und immer bei 100 Grad« – gewiß, aber nur unter der Voraussetzung, daß die Arbeit der Normierung übersehen wird, die zum Vergleich von Temperatur- und Druckmessungen erforderlich ist ... Die Kanäle, die dieser Feststellung, dieser metrologischen Gewohnheit erlauben, als Universalie, als Evidenz zu zirkulieren, sind sehr eng.

Das ist alles sehr gut, aufregend, nützlich, rentabel, unverzichtbar, beruhigend, aber es war natürlich nicht die Extension eines solchen Maßstabs, die an jenem Wundertag vor dem Haus des Zönakels alle so tief ergriff. Das Wörtlein »derselbe« in dem Ausdruck »retrospektives Verständnis derselben Botschaft« hatte dort nicht den Charakter einer überall geläufigen und im Grund überall fremden Norm, wie es der Breitengrad von Greenwich oder der Urmeter sind. Es war nicht eine jener bequemen Konventionen, die es durch Verkettungen von Kontrollelementen, Mustern, Richtlinien ermöglichten, die Beibehaltung einer Information über eine Kaskade halsbrecherischer Transformationen hinweg vorzubereiten. Ob ich Perser oder Kabyle, Isländer oder Bororo bin, mein GPS-Navigationssystem läßt mich dank derselben Markierung durch Längen- und Breitengrade überall wissen, wo ich bin – aber nicht um diese Art von Übermittlung, Zuverlässigkeit, Exaktheit, Wahrheit, Vertrauenswürdigkeit bemühe ich mich, wenn ich zu verstehen suche, was es heißen mag, »die frohe Botschaft in meiner eigenen Sprache zu hören«. Die Informationsnetze haben ihre Größe, ihre Bedeutung, ihre Effizienz, ja wenn man so will: ihre Spiritualität, aber schließlich bewirken sie kein Pfingsten. Und man behaupte ja nicht, am Tag des jüdischen Wochenfestes habe es sich um eine schlichte »Lokalisierung« gehandelt wie etwa, wenn ich die Tastatur meines Laptop per Mausklick vom Chinesischen zum Arabischen oder vom Englischen zum Quebecischen schwenken lasse. Die Normen allen konkreten Situationen anpassen verlangt eine Kombinatorik definitiv festgelegter Lösungen, die noch allgemeinere, noch abstraktere, noch konventionellere Normalmaße impliziert. Nein, keine »lokale Anpassung« an ihre »ethnischen Besonderheiten« konnte diese rauhen Besucher erschüttern, die gekommen waren, um auf der Esplanade des Tempelbergs ihr Opfer darzubringen. Die Apostel hatten ihre Botschaft nicht der Bandbreite aller dieser barbarischen Sprachen »angepaßt«. Weder mit Normierung noch mit Lokalisierung hat das zu tun. An jenem gesegneten Tag erschütterte sie eine ganz andere Form progressiver Universalisierung: endlich sprach man in ihrer eigenen Sprache zu ihnen, und diese Sprache rief sie auf, von neuem demselben Volk anzugehören, sich erneut derselben Überlieferung anzuschließen, dieselbe Botschaft zu verwahren, deren Sinn endlich verstanden und verwirklicht war.

Können wir eine solche Ergriffenheit erneut hervorbringen? Ist das Geheimnis der Herstellung jener Feuerzungen auf immer verloren, die über den Köpfen der Apostel schwebten, um sie mit allen Sprachen der Welt zu erleuchten? Vielleicht nicht, obschon die Idee einer transparenten und permanenten, universalen und gleichbleibenden Kommunikation die Religion unseren öffentlichen Sprechweisen so fremd hat werden lassen, daß es ebenso aussichtslos scheint, die Religion wieder flottzumachen wie das rostige Wrack der *Titanic.* Wie sollen wir es anstellen, sie zu retten? Kehren wir einmal mehr zu dem so banalen, so alltäglichen Liebesdialog zurück.

Die beiden entgegengesetzten Liebesgeschichten

Nehmen wir einmal an, der Liebhaber habe die Aufforderung der Geliebten recht verstanden, ungeschickt tastend habe er schließlich die rechten Worte gefunden, seiner Liebe erneut Ausdruck zu verleihen. Wie werden die beiden es nun anstellen, dieses neue Geständnis mit ihrem ersten zu verbinden? Sie werden sagen, daß sie sich nach einer Phase der Entfremdung »derselben« Liebe erneut nahe fühlen. Und doch hat »dieselbe« Liebe nichts von einer Substanz, die sich durch die Zeit hindurch erhalten hätte wie ein unter einer Matratze vergessenes Goldstück, das man Jahre später erfreut wiederfindet. Genau dieser Versuchung – sich auf eine Form »desselben« zu konzentrieren, auf etwas, das sich durch Raum und Zeit hindurch gleich bliebe – hatte der Partner sich ja zu entziehen, um bewußt den Satz auszusprechen, der ihre Beziehung erneuerte. Während jener Reflex völlig am Platz gewesen wäre, wäre eine Aufforderung zu Positionierung, Information, Referenz an ihn ergangen, hätte man ihn also zum Beispiel ersucht, seine Rentenversicherungsbeiträge nachzuweisen und aus einer Kette von Transformationen die Ziffern herauszuklauben, die sich über diverse Buchungsvorgänge hinweg unversehrt erhalten hätten. Haben die Liebenden erneut zueinandergefunden, mögen sie daher zu Recht sagen, sie hätten »dieselbe« dauerhafte Liebe *wiedergefunden*, obwohl sie durchaus wissen, daß alles sich geändert hat, sie selbst wie auch die Zeit.

Es gibt also durchaus – wir alle haben solche alltäglichen, flüchtigen, fragilen, subtilen Erfahrungen gemacht – eine besondere, absolut einzige Art, »dasselbe«, etwas Identisches, Kontinuierliches hervorzubringen, das doch nicht auf der Beibehaltung einer durch Raum und Zeit hindurch unberührt gebliebenen Substanz beruht. Diese Universalie ähnelt der anderen so wenig, daß sie, weit davon entfernt, unveränderlich von der Vergangenheit zur Gegenwart herabzusteigen, umgekehrt von der Gegenwart ausgeht und zur Vergangenheit aufsteigt, deren Grundlage sie verändert und vertieft. So daß der Ausgangspunkt mit der Zeit immer mehr Zukunft in sich birgt. Was später kommt, erlaubt dem Anfang, Ursprung von etwas zu sein. Der Beginn hängt von der Fortsetzung ab, der Vater vom Sohn. Diese Umkehrung der üblichen Zeitfiguren spüren die Liebenden durchaus, denn ohne zu lügen können sie behaupten, daß die Liebe, die sie jetzt beseelt, als habe sie seit eh und je bestanden, ungleich stärker, tiefer, fester ist, daß sie sie noch viel enger aneinander bindet als in ihren Anfängen. So eng, daß sie ihnen das überwältigende Gefühl vermittelt, jetzt endlich *zum ersten Mal* zu verstehen, was ihnen *seit jeher* zugestoßen ist. Wir wissen ja: »Es ist immer das erste Mal« – oder man liebt einander nicht mehr.

Welche Beziehung kann zwischen diesem retrospektiven Verstehen ihrer Liebe durch die Liebenden – einer zwar umwerfenden, aber individuellen, privaten, fast psychologischen Erfahrung – und jenem sich herausbildenden Universellen der religiösen Aussage bestehen, das Menschen so unterschiedlicher Sprachen mobilisiert, mobilisieren soll? Dieses Band, diese feine Schlinge der Liebe ist überaus fragil, ich weiß, aber das einzige Mittel, das ich gefunden habe, jenes gestrandete Wrack wieder flottzumachen, es nach und nach dem Abgrund zu entziehen, um den Schiffbruch der Religion rückgängig zu machen. Denn schließlich ist es jene fremd gewordene Art, Einheit, Vereinigung, Universalität hervorzubringen – und nicht der Weg der Normierung –, die, folgt man dem Bericht der Apostelgeschichte, die Völker am Pfingstfest bekehrt zu haben scheint.

Dieses tausendfach gehörte Wort, an das wir uns gewöhnt hatten und das uns voneinander entfernte, nun ertönt es erneut wie *zum ersten Mal*, so daß es uns neu erscheint, obwohl es wie die Worte des Liebhabers nur dasselbe alte Lied anstimmt. Und da bilden wir von neuem so etwas wie ein Volk, da jeder dasselbe in seiner eigenen Sprache vernimmt und wir uns erneut einander nah fühlen, nein! sehr viel näher als wir einander je waren, als vertieften wir endlich, zum ersten Mal, dieses Gefühl der Zusammengehörigkeit. »Ah!«, rufen wir verblüfft aus, »das also sind die Worte, die wir ausgesprochen haben, ohne auch nur daran zu denken! Die unsere Väter vorgetragen haben, ohne daß wir ihren Sinn erfaßten! Das also meinten die Rituale, die wir mechanisch ausführten! Diese Nachbarn mit ihren fremdartigen Sitten sind also unsere Brüder trotz all dieser Verschiedenheit, trotz dieses Babels versprengter Sprachen? Wie begriffsstutzig waren wir doch«, sagen wir und greifen uns an den Kopf, »daß wir die Weisung nicht besser verstanden haben, die an uns gerichtet war!« So gäbe es also Worte, derart wundersam, daß sie Sprecher und Hörer im selben Moment schaffen und zu einem *neu berufenen Volk* versammeln, das dieselbe, *endlich begriffene* Botschaft eint? Sollte die banale Erfahrung der beiden Liebenden in Form, Register, Tonart der Erfahrung ganzer Völker gleichen? Sollten wir trotz der Diktatur der transparenten Kommunikation bis in unsere Zeiten hinein eine Fähigkeit zu sprechen bewahrt haben, die uns ebenfalls befähigt, wie am ersten Tag – besser als am ersten Tag – die Angehörigen zusammenzuführen, noch ganz verblüfft, so lange umhergeirrt zu sein ohne zu verstehen, daß das, was sie doch jeden Morgen gleichgültig dahersagten, sie erneut einen könnte. Spüren Sie nicht, daß das Wrack bebt, als wolle es sich vom Grund lösen, als wolle es endlich an die Oberfläche gelangen?

Das unzulässige Verquicken der Universalien

Aber alsbald versinkt es wieder, alle Stricke reißen, und es bohrt sich noch tiefer in den Schlick des Meeresbodens, denn kaum haben wir die beiden Universalien – die unwandelbare Norm und das retrospektive Verstehen – voneinander gesondert, da verquicken wir sie wieder miteinander und formen ein ungestaltes Monstrum aus ihnen. Wir beginnen nämlich anzunehmen, daß hinter der ganzen Geschichte und unberührt von ihren Wechselfällen eine einzige, allem Wandel trotzende Substanz fortbestehe, die, stets dieselbe wie am ersten Tag, die Unterschiedlichkeit der Konversionsvorgänge erkäre. Als liefe Konversion darauf hinaus, sich endlich auf jenes Unantastbare einzuloggen, um jenseits der Geschichte die tröstliche Gewißheit absoluter Immobilität wiederzufinden. So wurde die Mehrzahl der Gestalten des früheren »Gottes« modelliert –, die wir, überdrüssig und kompromisslerisch, schließlich mit »banaler und alltäglicher Rahmen« zu übersetzen uns begnügten. Jener »Gott« als universelle Konstante, jener substantielle »Gott«, jener Normalmaßstab »Gott« ist so gesehen – wie kann man es bloß formulieren, ohne zu verletzen? – nur ein Artefakt, eine quasi wissenschaftliche Proposition, der die praktischen Möglichkeiten entzogen wurden, die wissenschaftlichen

Beweise ihrer Existenz zu entfalten. Ein kastrierter Wissenswille – *libido sciendi interrupta.*

Wie viele bewundernswerte Texte wurden nicht verfaßt, um Pfingsten als Begegnung armer Menschenkinder mit jener unantastbaren Substanz, jener durch die Wechselfälle der Geschichte hindurch gleich gebliebenen Konstante zu erklären – man zittert, sie derart lästern zu müssen. Aber um treu zu bleiben, muß man untreu werden, um den Geist wiederzufinden, muß man den Buchstaben aufgeben, um neu zu übersetzen, muß man die alte Übersetzung zu opfern wagen; um erneut zu verraten und zu übersetzen, darf man nicht zögern (doch! ich zögere und zittere), erneut zu übersetzen und zu verraten.[3] Denn auf keinen Fall will ich G. mit einem perfektionierten GPS-System identifizieren. Es sei denn, man zeigte mir das Netzwerk der Satelliten und Atomuhren, der Empfangsstationen und internationalen Vereinbarungen, die ermöglichen, ihn überall zu empfangen, störungsfrei, in gleicher Qualität und wundersam koordiniert. Sollte es erforderlich sein, diese beiden Formen von Universalisierung, diese beiden Register der Katholizität (es gibt natürlich andere, aber im Augenblick interessieren uns nur diese beiden) als kostbares Gut zu bewahren, dürfen sie keinesfalls zu einem einzigen verbunden werden, das uns weder den Nutzen des

3 Das Wortspiel traduire/trahir ist ebensowenig adäquat wiederzugeben wie etwa traduttore/traditore. (A. d. Ü.)

einen noch den Zauber des anderen gewährte. Gegen diese unzulässige Vermischung ist daran festzuhalten, daß es keine Beziehung gibt zwischen »Demselben«, wie es dank der Metrologie durch die Aufrechterhaltung konstanter Größen mit großem Aufwand produziert wird, und »Demselben«, wie es durch die stets neu begonnene, stets vertiefte, stets erweiterte Reprise einer entscheidenden, unter Opfern mühselig produzierten Botschaft geschaffen wird, die das Leben derer für immer transformiert, die sich dann augenblicklich als Mitglieder ein und desselben Volkes wiedererkennen. Zwar sind beide Universalien, beide fähig, sich wie durch Ansteckung auszubreiten, beide fähig, Einigkeit und Übereinstimmung zu erzeugen, beide für ein zivilisiertes Leben vonnöten, aber beide auch – will man nicht freveln – als inkommensurabel auseinanderzuhalten.

Die den Liebenden eigene Form des Göttlichen

Wollen wir dem Wahn einer universellen Konstante entgegentreten, die doch keine wirkliche Metrologie gewährleisten könnte, dann müssen wir die Erfahrung der Liebenden weiter vertiefen. Würden sie von ihrer Liebe wie von einem G. sprechen, dann würden sie sich ja sehr davor hüten, aus ihm eine unwandelbare Substanz zu machen, die trotz der Vielzahl ihrer Attribute mit sich selbst identisch bliebe, denn sie wissen wohl, daß man sich niemals definitiv auf sie verlassen kann. Im Gegenteil: ein falsches Wort, und schon stellt sich Befremden ein, vielleicht eine Krise. Was Liebende ihre Liebe nennen, diese zu Dauer und Vertiefung fähige Liebe, steigt für sie stets aus der Fragilität eines riskanten Sprechakts auf, der sie verpflichtet, den Einsatz stets erneut zu wagen. Je nach der Art und Weise, in der sie miteinander sprechen, stehen sie sich fern wie Fremde oder näher, als sie einander jemals waren. Wer wäre so unsensibel oder unglücklich, die bestürzende Doppelerfahrung der Liebeskrise niemals gemacht zu haben: Dieses Wort, das zuviel war und Liebende in Feinde verwandelte, die nicht verstehen, wie sie so lange eine derart erstickende Nähe aushielten; jenes Wort, das hinzukam und die Feinde in Liebende verwandelte, die nicht verstehen, wie sie sich so lange durch eine solche Distanz lähmen lassen konnten. Im Nu kippen sie von einem Dasein ins andere, obgleich radikal entgegengesetzte. Ein Geheimnis, nicht weniger tief als alle anderen. Den Liebenden auf der Spur, nähere ich mich stammelnd einer Form G.s, die vom Wort abhängt, von der passenden Aussage, ja vom Tonfall, von der Aussprache. Eine unendlich fragile Form, denn ich spüre wohl, wie leicht ihre Beschwörung mißlingt. Dieser Name – wie soll man es nur anstellen, ihn nicht immerzu frevelhaft auszusprechen?

Die Krise der Liebe ist jedoch deswegen so ergiebig für uns, weil sie uns die Erfahrung jener Fragilität der Aussage aufbewahrt hat. Sie bereitet uns vor auf jene radikale Transformation, die sogar den Ablauf der Zeit berührt, die Art und Weise, wie die Zeit sich gliedert und aufbaut, und übt uns in diese Umwandlung ein. Ist man nämlich einander »fremd geworden«, dann vereinigen alle Momente der Entfremdung sich zu einem unentrinnbaren *fatum*: »*Also wirklich*, wir waren nicht füreinander geschaffen.« Die Augenblicke der Nähe erscheinen dann als Verirrungen; die Zeit fließt *von der Vergangenheit zur Gegenwart* ganz so, als sei ein Kapital an Liebe vergeudet worden. Aber sobald die Liebenden einander wieder nähergekommen sind, scheinen alle Augenblicke der Entfernung ihnen als unverständliche Abwege: Die Episoden der Nähe schließen sich zusammen zu einer ganz anderen Geschichte, die von diesem heutigen »ersten Mal« aus alle anderen Male erfaßt und *von der Gegenwart zur Vergangenheit*, zum *allerersten* Mal aufsteigt. Als hätten sie gerade ein unerschöpfliches Kapital entdeckt, das ebenso die Vergangenheit bereichert wie die Zukunft sichert. Haben Sie niemals diese plötzliche Umkehrung verspürt, die sogar den Ablauf der Zeit modifiziert? Und erfuhren Sie nicht auch ihre konstante Instabilität, die bewirkt, daß, wer die Krise einer Liebe hinter sich hat, nun wie ein Bankier mit einem dicken Kapital akkumulierter Geschichte rechnet und sich an dieses Gebäude von Zuneigung klammert, um sich eine Sekunde später in derselben zeitlichen Misere, in derselben erstickenden Lage wiederzufinden, der er endgültig entronnen zu sein glaubte? Er hatte sich auf der Garantie einer Liebe ausgeruht, deren Referenz stabil und gesichert schien; nun hat alles sich verflüchtigt wie die Goldstücke im Märchen, die sich durch Berührung mit einem Zauberstab in Wasserpfützen verwandeln.

Sprächen Liebende von ihrer Liebe als einem G., hüteten sie sich daher wohl, aus ihm ein Kapital zu machen, das sich nach und nach, Stück für Stück aufbrauchen kann; sie machten aus ihr keine unverderbliche Substanz, indifferent gegenüber den guten wie den schlechten Sprechakten, mit denen sie täglich ihren Glauben aneinander erneuern. Niemals käme ihnen die ungereimte Idee, ihrer Liebe das Riskante, Zerbrechliche, Prekäre abzusprechen, *ihre Abhängigkeit vom richtigen oder falschen Wort*, dieses schwindelerregende, unaufhörliche Streifen an einen Abgrund, in dem ihre Geschichte, so lang sie auch bereits währen mochte, sich jederzeit in eine radikal entgegengesetzte Zeiterfahrung verkehren könnte. Hierin liegt der echte Wahrheitswert der Aussagen, auf die sie achten wie auf ihren Augapfel, die echte Berechnung, die sie anstellen, das echte Ja und Nein, das über die Qualität ihres Daseins entscheidet. Wollten sie sich wirklich einen G. formen und ihn »ihre Liebe« nennen – und wie viele Stunden bringen Liebende nicht damit zu, über dieses Göttliche zu sprechen, über diese Kraft, die sie beide in Atem und in Alarm hält? –, dann würden sie ihm die Eigenschaften Dringlichkeit und Gefahr zusprechen; dann würden sie es so einrichten, daß er jedesmal neu aus ihrem Sprechen erstünde; dann siedelten sie ihn am Rand der Krise an, stets von Unfertigkeit bedroht, stets durch jene plötzliche Umkehrung des Zeitpfeils verletzbar. So viele durch Ausmalen, durch Bilder, durch die heilige Geschichte ihres G. darzulegende Kennzeichen gäbe es, daß es langer Übung, unendlicher Skrupel, unaufhörlicher Sorgfalt bedürfte, um wirklich sicher zu sein, alle seine Attribute aufgezählt, alle seine Gnadenerweise aufgefangen zu haben. Mit welcher Freude würden sie ihre Aufgabe von neuem beginnen, wenn sie sich bewußt würden, daß sie diesen oder jenen Zug übersehen haben, denn Tag für Tag würde allein schon die Schwierigkeit, diese Dinge zu benennen – diese so alltäglichen und zugleich so subtilen, von der ebenfalls bewundernswerten Referenz und dem Zugang zu Fernem so verschiedenen Dinge –, sie dazu verpflichten, die Arbeit am Reden über ihren G. wieder aufzunehmen. Warum sollten wir nicht versuchen, nach ihrem Vorbild wieder über ein Göttliches zu reden, das dem ihren ähnlich sieht?

Wenn ich die bisher gesichteten Bedingungen des Glückens aufliste und mich an das Beispiel der Krise einer Liebe klammere – das einzige Sprachspiel, das sich dem Reich der Kommunikation noch ein Stück weit entzieht –, wie soll ich da nicht den Mut verlieren?

Die Worte, die wieder aufrichten, müssen verständlich sein, das wäre die erste Bedingung; sie müssen in der Sprache derer erklingen, an die sie sich wenden, ohne irgendein überflüssiges Übersetzungsproblem hinzuzufügen. Wo wir schon so sehr Gefahr laufen zu straucheln, wäre es aberwitzig, den Versuch, das, was distanziert, von dem zu unterscheiden, was näherbringt, durch ein weiteres Risiko zu belasten.

Zweite Bedingung: Diese Botschaften müssen die gegebene Situation ins Auge fassen, uns, hier, jetzt, und zwar ohne die Aufmerksamkeit abzulenken, ohne alte Klagen wiederzukäuen, ohne Anspruch, irgendwelche alten Schulden einzutreiben. Um die Gegenwart handelt es sich, nicht um die Vergangenheit.

Dritte Bedingung des Glückens: Diese Weisungen dürfen zu keinem Zeitpunkt einen Kompromiß mit informativen Aussagen suchen, die über eine Kette von Referenzen Zugang zu Fernem verschaffen können – oder aber wir müssen auf einen anderen

Gesprächstyp einschwenken und uns über Regen und Sonnenschein, über die globale Klimaerwärmung oder den Urknall ereifern. Dann aber sollten wir auch konsequent sein: keine über den Daumen gepeilte Quotenregelung zwischen der Sprache der inneren Umkehr und der der Information, zwischen der Gewinnung von Nähe und der Suche nach Fernem.

Vierte Bedingung: Die Leben spendenden Worte müssen *wirken*, sonst sprechen wir sie frevelhaft aus. Diese Wirkung kann nur im augenblicklichen Wiedererlangen jener verlorenen Liebe bestehen, im fragilen und provisorischen – zu diesem Zeitpunkt aber endgültig und heilbringend wirkenden – Wiedergutmachen der Zeit. Während die der Vergangenheit entstammende Liebe die Gegenwart erdrückte (das Tote packte das Lebendige), schwingt sie sich nun aus der Gegenwart auf, um die Vergangenheit zurückzugewinnen und den Weg zur Zukunft zu eröffnen (das Lebendige packt das Tote).

Was die Erfüllung der letzten Bedingung ermöglicht: eine Einheit, eine Identität, ein Bündnis, ein Volk (im Fall der Liebenden: ein Mikrovolk), findet erneut zusammen.

Lassen Sie den reichen Erfahrungsschatz ihrer Liebeskrisen vor Ihrem geistigen Auge vorüberziehen und prüfen Sie, ob ich die Bedingungen des Glückens einigermaßen vollständig aufgeführt habe. Macht diese vorläufige Liste nicht verständlich, worum es geht, wenn jemand fragt: »Liebst du mich?« Macht sie nicht begreiflich, warum es undenkbar ist, mit einem entrüsteten Seufzer zu erwidern: »Aber ja, natürlich, ich habe es dir hundertmal gesagt« – ein sicherer Beweis dafür, daß man nicht mehr liebt?

… und des Mißglückens

Nutze ich jetzt dieses vom Sprachspiel Liebender gelieferte Modell, um die Bedingungen des *Mißglückens* in Sachen Religion aufzulisten, sehe ich, daß sie viel leichter zu erfüllen sind und daher auch viel häufiger erfüllt werden.

Erste Bedingung: Die Worte, die Leben spenden sollen, werden in einer fremden Sprache ausgesprochen, die sich an historisch, räumlich, kulturell von uns entfernte Menschen richtet, so daß es unendlich viel Zeit bräuchte, sie in die Gegenwart zu übersetzen, bevor man auch nur beginnen kann, die in ihnen enthaltene Aufforderung zu erfassen.

Zweite Bedingung: Selbst wenn man sie übersetzen könnte, verstünde man sie nicht, denn sie richten sich nicht mehr an uns, hier, jetzt, sondern an Menschen aus anderen Räumen und sehr fernen Zeiten. Auf diese vollkommen fremden Menschen müssen sie eine wundersame Macht ausgeübt haben, aber uns, die wir nicht mehr in ihren Schuhen stecken, erscheinen sie als Hirngespinste, lächerlicher Schwulst, verrückte Fabeleien.

Dritte Unglücksbedingung: Um sie doch ein wenig ernst zu nehmen, könnte man den tastenden Weg der Wissenschaften einschlagen, Brücken und Beweise erstellen, Instrumente und Dokumente aneinanderreihen, die uns ermöglichen würden, uns gedanklich mit diesen fernen Zeiträumen, diesen fremden Völkern, diesen seltsamen Formeln in Verbindung zu setzen. Aber dazu müßte man den beträchtlichen Preis der Exegese, der Archäologie, der Geschichte zahlen, kurz: mit diesen Sicherheiten auch die Auflagen der Gelehrsamkeit in Kauf nehmen. Meist aber bleibt man auf halbem Wege stehen und erfindet alle möglichen schiefen Kompromisse zwischen Worten des Zugangs zu Fernem und Worten des Heils und zieht weder aus dem einen noch dem anderen irgendwelchen Nutzen.

Vierte Bedingung des Mißglückens: Diese Worte haben nicht mehr die geringste Wirkung; gleichgültig gleiten sie an unserem Leben ab wie Regentropfen an einer Windschutzscheibe. Ihre Harmlosigkeit vermehrt bloß den bunten Trödel der Tradition um einen weiteren Wust von Mythen und Geschichten, der das ohnehin erstickende Gewicht der Vergangenheit noch drückender macht. Sofern wir uns nicht damit bescheiden, diese Riten und Anekdoten zu ästhetisieren und bemerkenswert, belustigend, rührend zu finden, was für andere, für unsere Väter, unsere Mütter eine Frage auf Leben oder Tod war.

Deswegen – und das ist die fünfte Bedingung – bilden die, die diese Flut von Torheiten vernehmen, niemals eine heilige Nation, sondern ein aus Fremden, ja Feinden zusammengesetztes Aggregat, das nichts mehr zusammenhält.

Nun, habe ich das Bild nicht recht gut getroffen, das die Religion unseren Zeitgenossen heute zumeist bietet? Kein Wunder, daß meine Sprache so ungelenk ist. Habe ich mit diesen fünf Bedingungen des Mißglückens nicht haargenau beschrieben, was jeden Sonntag bei der Predigt von der Kanzel herabtönt (ich weiß wohl, niemand »besteigt« mehr die Kanzel)? Habe ich nicht mein Unbehagen, meine Verwirrung, Ihr Unbehagen, Ihre Verlegenheit recht benannt, die sich einstellen, wenn so viele Worte des Heils falsch klingen?

Und doch gehe ich hin, ich bleibe, ich verharre, ja ich versteife mich darauf und schlage geradezu Wurzeln in meiner Bank. Denn wie in der Krise einer Liebe stecken kein Haarbreit hinter den Bedingungen des Mißglückens die intakt gebliebenen Bedingungen des Glückens; nein! für immer verloren; doch! zum Greifen nah; nein! unzugänglich gemacht, unendlich fern, unübersetzbar, untergegangen; doch! frisch wie am ersten Tag, besser als am ersten Tag; aber nein! keine Hoffnung, etwas aufgreifen zu können, denn ich bin allein, unbefugt, habe kein Recht, kein Imprimatur, kein Mandat – bin nichts, bin nicht einmal gläubig (aber es geht nicht darum zu glauben …). Ich zögere immer noch, wie in der Liebeskrise, zwischen zwei völlig entgegengesetzten Formen von Temporalität, von Vertrauen, von Treue. Aufhören? Alles aufgeben? Sich auf die Liebe Liebender beschränken? Sich an die Leidenschaft Gelehrter halten? Nicht mehr versuchen, das Wrack flottzumachen? Ich habe schon zuviel gesagt, zu viel riskiert: Ich muß durchhalten bis zum Ende, ausloten, was sagbar und was nicht sagbar ist. Ich bin mit hineingezogen.[4] An seinen Früchten wird man den Baum erkennen, und wenn er keine trägt, möge man ihn erbarmungslos verbrennen.

Das Spielchen mit den geistigen Vorbehalten

Um mich aus der Affäre zu ziehen, versuche ich, auf »geistige Vorbehalte« zurückzugreifen. Wie anstrengend! Was ich laut ausspreche – »Ich glaube an Gott den Allmächtigen« –, muß ich durch eine

4 Zitat aus Blaise Pascal, *Gedanken*, Stuttgart: Reclam 1997, S. 227. (A. d. Ü.)

Übersetzung ersetzen, die ich mir in aller Eile auszudenken habe: »Ich bin mir des unbestreitbaren Rahmens des gewöhnlichen Lebens sicher, die Macht steht außer Frage, und ich weiß, daß es nicht um den Glauben geht« und so fort bis an das Ende des *Credo* ... aber ich halte es nicht lange durch, meine Übersetzung ist zu lang, zu lahm, zu spitzfindig; ich kann meinen Rückstand nicht aufholen; ich verliere den Faden; ich muß bodenlose Ungeheuerlichkeiten durchgehen lassen (»eines Wesens«, »Jungfrau Maria«, »abgestiegen zu der Hölle«, »ewiges Leben«), und die Predigt, die die Mißverständnisse vervielfachen wird, hat noch nicht einmal angefangen; es ist eine solche Flut schlecht angeeigneter Worte, daß ich nicht mehr dazu komme, sie wiederaufzubereiten, zu recyclen; nichts zu machen, ich habe den Anschluß verloren; ich bin überfordert, angewidert von mir selbst, der ich widerstrebend so viele Wahrheiten ausspreche, so viele Unwahrheiten nicht geradebiegen kann. Und bin am Verzweifeln, denn selbst wenn ich vermöchte, in meinem Innern irgendeine Transponierung zu formulieren, die mich befriedigte, *könnte ich sie mit niemandem teilen*: sie wäre nicht die gemeinsame Lebensform des um mich versammelten Volkes; würde ich sie laut aussprechen, nähmen meine Nachbarn Anstoß. Derart innerlich gespalten, im Krieg gegen mich selbst, werde ich im Augenblick des Friedenskusses ein Monument fleischgewordener Heuchelei und Blasphemie, von geistigen Vorbehalten besudelt wie ein Grabmal von Vogelkot.

Und doch, ich kann die Vermutung nicht unterdrükken, daß alle um mich herum von ebensolchen geistigen Vorbehalten geplagt sind, daß sie sich abstrampeln wie verrückt, um den Raum zu überbrücken, der jene unwahr gewordenen Worte von denen trennt, die für sie wieder spürbar und sinnvoll wären. Würde ein Lautsprecher ins Kirchenschiff übertragen, was Trauergemeinden beim Gottesdienst stillschweigend an die Stelle der Worte »ewiges Leben«, »Hoffnung«, »Himmel« setzen, wäre die Überraschung groß. Aber anscheinend wird ihnen nicht besser geholfen als mir, und schweigend teilen wir alle dieselbe Verlegenheit, ohne es zu wissen. Bis hin zu den Geistlichen, von denen mir schwant, daß sie wie ich, wie ihre tief ungläubigen Gläubigen, wie alle, versuchen, entlegene und verbrauchte Worte sich nahekommen zu lassen und anzuverwandeln, wobei sie aber zwangsläufig Akkomodationen und faule Kompromisse bemühen, auf die wunderlichste Akrobatik, auf schwindelerregende Spagate verfallen. Allesamt beten wir im Schatten dieser berghohen Müllhalde, die nahe daran ist, sich über uns zu ergießen, dieses Schuldengebirges, dieser Übersetzungsrückstände, die uns die Zunge lähmen und zwingen, uns zu Tode zu langweilen und doch reglos auf unserem Sitz auszuharren aus Angst, alles könne zusammenbrechen, während wir mit unsicherer Hand die innerlich zusammengebastelte Privatreligion stützen, einen Trödelkram, der nicht mehr von neuem ein Volk zu sammeln fähig ist, zumal niemand ihn laut und öffentlich zu formulieren wagt. Vermutlich hat sich seit Menschengedenken jeder »seine eigene Religion«, wie man so sagt, zurechtgezimmert, ein Sammelsurium aus halben Lügen und halben Wahrheiten, trocken wie jene Knochenknäuel, die Eulen nach der Verdauung ausscheiden. Schlimmer übrigens noch, wenn einer von uns durch eine unglückliche Neuerung – ein Schild, ein Bild, einen Slogan, einen Diskurs, ein Ritual – vor aller Welt ausspricht, was er besser für sich behalten hätte: kunstlos, geistlos, unwissend, ungebildet, von keiner Überlieferung gedeckt, durch nichts autorisiert baumeln dann im Kirchenschiff zusammengeflickte Wortstummel, deren »Anpassung an die Gegenwart« ihre tödliche und finale Blässe nur noch steigert. Jedem werden aus Kirchen, die er letzthin besichtigt hat, Beispiele geläufig sein – angesichts mancher im Vorraum von Katechismusschülern zur Illustration heiliger Worte an die Wand geklebter Filzstiftzeichnungen schwitzen ja selbst die Steine blutige Tränen. Wie können wir uns aus dieser Schlinge ziehen?

Die unmögliche Reinigungsprobe

Die Lösung »geistiger Vorbehalte« bietet nur einen scheußlichen Notbehelf. Eine andere, vernünftigere Lösung bestünde darin, in diesem ganzen Wust aufzuräumen, die Ställe des Augias zu säubern, sich den anstößigsten Flitter, die kompromittierendsten Anekdoten, die süßlichsten Gesänge vom Hals zu schaffen, kurz: wie Lumpensammler auf einer Müllhalde Verwertbares auszusortieren. In Augenblicken extremer Entrüstung ist die Versuchung durchzugreifen groß: Man reduziere doch diese ganzen Rituale und Glaubensinhalte auf ein schmales Korpus sicherer und wahrhaftiger, sauberer und beglaubigter Komponenten und übergebe den ganzen Rest der reinigenden Flamme! Die Religion innerhalb der Grenzen der bloßen Vernunft. Mag dieser Wille zur Reinheit auch im Lauf der Zeit die besten Geister entflammt haben, er ist ebenso unvernünftig und unpraktizierbar wie das perverse Spielchen »geistiger Vorbehalte«. Denn wie weit sollen wir eigentlich gehen? Beginnen wir damit, ein Sprachregister nicht mehr zu teilen, scheint nichts, gar nichts uns retten zu können, und zwar aus ebendem Grund, aus dem Liebende, einmal von der Entfremdungskrise erfaßt, nichts finden, keinen Satz, keine Geste, keinen Augenblick, die ihre vergangene Liebe rechtfertigen könnten: Sie hatten sich rundum getäuscht. Sie zerbrechen die gräßlichen

Gipsstatuen? Aber warum bleiben Sie dabei stehen? Warum den Altarstein behalten? Warum den Abendmahlskelch? Die Stola? Die Hostie? Die Geistlichen? Einen mir sehr lieben Priester, meinen Onkel, dank dem der Glaube mich verloren hat, habe ich Schritt für Schritt bei dieser Feuerprobe begleitet: Ich sah ihn bei jeder neuen Verteidigungslinie zittern wie französische Offiziere im Jahr 1940 aus Entsetzen darüber, daß kein Rückzug die Niederlage aufhielt, daß die scheinbar haltbarsten Befestigungen nicht mehr Widerstand boten als ein mit feuchtem Finger in den Sand gezogener Strich.

O gewiß, wir können dieses verzehrende Feuer, dieses fröhliche Autodafé stets rechtzeitig aufhalten, um irgendeinen Überrest vor den Flammen zu retten. Aber nie wird sich beweisen lassen, daß er einen widerstandsfähigeren Kern enthielt als die Schlakken in der Asche. Eine Minute länger, und auch das ginge in Rauch auf. Sie verbrennen das Sakrament der Beichte? Warum sollte das der Taufe haltbarer sein? Sie trennen sich vom Papst? Wozu die Bischöfe behalten? Niemals wird sich rechtfertigen lassen, warum gerade bei dieser Temperatur und genau in diesem Moment die Probe ausgesetzt wurde. (Wie lange halten Liebende zusammen, wenn sie, statt die Krise durch ein Gespräch zu beenden, das sie einander annähern würde, vielmehr beschließen, den Streit zu suspendieren, ohne sich ausgesprochen zu haben, wenn sie sich damit bescheiden, ihr gemeinsames Leben auf den engen Umkreis ihrer Gewohnheiten einzuschränken? Einen Monat? Einen Tag? Eine Stunde?) Sofern man nicht auf jene andere Universalie zurückgreift, auf die Normierung, und dazu gelangt, durch Übereinkunft einen gemeinsamen Kern zu definieren, den kleinsten gemeinsamen Nenner der Religionen, etwas so Fades und Konventionelles, daß es sich auf der ganzen Welt verbreiten läßt, ohne irgend jemanden zu schockieren. Ein »moralisches Ideal«, ein »Gefühl des Unendlichen«, ein »Aufruf an das Gewissen«, ein »reicheres Innenleben«, ein »Zugang zum großen Ganzen«? Wie schal wäre doch solch ein »Gott«! Ein bloßer Kleiderständer der Moral – als hätte die Moral es nötig, von der Religion gestützt zu werden. Dank dieser Reinigung haben wir uns unnützer Schlacken entledigt, aber nichts mehr in Händen, was uns ermöglichen würde, derart kräftigende Worte an jemanden zu richten, daß er sich danach verwandelt fühlen würde. Trotz oder vielmehr wegen dieses Reduzierens, Sortierens und Reinigens sind alle Bedingungen des Mißglückens beisammen: der kleinste gemeinsame Nenner aller Religionen, losgelöst von zeitlichen und räumlichen Besonderheiten, wendet sich nicht mehr an mich, hier und jetzt, sondern an irgendwen, irgendwann, überall. Ja, genau das ist Anti-Pfingsten. Indem man die Religionen vor dem Feuer der Kritik retten wollte, hat man sie in ein schales Universelles verwandelt, das nicht einmal die soliden Netzwerke physischer Konstanten hinter sich hat. Indem wir trotz allem etwas von dieser langen religiösen Erfahrung behalten wollten, haben wir alles verloren. Wie immer ist »die Reinheit der Fusel der Seele«[5], die höchste Versuchung, der wir zu widerstehen haben.

Aber muß man denn alles bewahren? Alles verstehen? Alles hinunterschlucken? Alles hinnehmen? Ja, das ist die einzige Lösung. Ich will nicht zu sortieren haben; die geistigen Vorbehalte ermüden mich unnütz; die Häresie lockt mich ebensowenig wie die Reformation, die Revolution oder irgendein anderer Umsturz. Es gibt keine toten Zweige in der religiösen Aussage, denn alles ist hier Verzweigung, Experiment, Versuch, Wurzeln schlagen und Würzelchen. Entweder versteht man, was sie wachsen läßt, und alles muß bewahrt werden; oder man versteht es nicht, und alles muß verbrannt werden. Wenn wir von neuem das Wort ergreifen müssen, dann um alles wieder aufzunehmen, alles zu retten, alles zu erhellen, alles zu erneuern, ohne auf unserem Weg ein einziges Schaf im Stich zu lassen; keine einzige Religiosiät wird verlo-

5 In Anlehnung an Michel Tournier, *Vendredi ou les limbes du Pacifique* [1962], Paris: Gallimard (Folio) 2006, p. 14: »Gardez vous de la pureté. C'est le vitriol de l'âme« (dt.: *Freitag oder im Schoß des Pazifik*, übersetzt von H. Osten, Reinbek bei Hamburg: Rowohlt 1971, S. 10: »... hüten sie sich vor der Reinheit. Sie ist das Vitriol der Seele.«). (A. d. Ü.)

ren sein, kein Frömmelkram, keine Bigotterie, keine Andächtelei, kein Kitsch. Ich will den ganzen Schatz eintreiben, der mir als Erbe verhießen war, will ihn mir endgültig aneignen – *und stolz darauf sein.* Man braucht einen ziemlich weiten Magen, einen ziemlich großzügigen Geist, oder es war nicht der Mühe wert, sich in diese Angelegenheit hineinziehen zu lassen, den Versuch unternehmen zu wollen, wieder von diesen Dingen zu reden. Ginge es nur darum, ein Wrack aus einem Schiffbruch zu retten, würde das Spiel den Einsatz nicht lohnen. Es gibt nur zwei Wege, den der Häresie – des Auswählens – und den der Orthodoxie – des rechten Wegs. Gut, aber wo ist der rechte Weg? Woran soll man erneut glauben, und wie? Was kann heißen »alles erneuern, ohne zu sortieren« – vor allem, wenn es doch gleichzeitig gilt zu sortieren, zu unterscheiden, wiederaufzunehmen, aufzulösen, zu verwerfen? Kein Zweifel, ich stecke mitten in den *Qualen* der religiösen Rede.

Die Irrwege einer Generation

Jetzt verliert er den Verstand. Noch vor einer Minute schlug er sich mit geistigen Vorbehalten herum, um nicht frevelhaft so viele Unwahrheiten auszusprechen, und jetzt verlangt er, daß wir sie unbesehen mit

Stumpf und Stiel hinunterschlucken, jetzt erwartet er einen Köhlerglauben von uns! Er geht sogar so weit, wieder so fatale Wörter wie »Häresie« und »Orthodoxie« in den Mund zu nehmen, die stark nach Scheiterhaufen schmecken. Jeder hat das Recht zu zaudern, sich zu quälen, aber doch mit Maß und Ziel, nicht um von extremem Unglauben in äußerste Leichtgläubigkeit zu verfallen. Sollte er derart »reaktionär« geworden sein?

Übrigens müßte er uns schon einmal erklären, wie seine ganze Generation, die Babyboomer, und wie auch er selbst eigentlich dazu kam, so feig aufzugeben und an das unaufhaltsame Verschwinden der religiösen Sache zu glauben. Warum die Modernisierungsfront ihm so lange fähig zu sein schien, die heiligen Worte ebenso in der Versenkung verschwinden zu lassen wie den Küchenherd mit Holzfeuerung und den Ochsenkarren. Ja, er müßte uns mal erklären, warum die »Progressiven« so lange der Illusion huldigten, das Opium des Volkes werde vor den Kräften der Emanzipation und Freiheit die Segel streichen – als wären sie nicht selber weit gefährlicheren Drogen auf den Leim gegangen. Sie werden es niemals zugeben, aber waren sie es etwa nicht, die beschlossen haben, ihre Kinder nicht taufen zu lassen, einen seit soviel Jahrhunderten ununterbrochenen Faden mit eigener Hand zu kappen, ihnen die Zugehörigkeit zum Volk der Erlösten zu entziehen … Und warum?

»Damit sie später selbst wählen können!« O Freiheit, was für Verbrechen hat diese Generation nicht in deinem Namen begangen! Es wird Zeit, daß alle diese zu »Opaboomern« mutierten Babys gerichtet werden, sie, die als einzige keinen Krieg kennengelernt haben und die mitten im Frieden, als nichts sie bedrohte, die Lebenschancen eine nach der anderen mit eigener Hand verwüsteten, mit denen ihre Eltern sie in ihrer gesegneten Kindheit überschüttet hatten. Wann werden diese universellen Revidierer endlich ihrerseits revidiert! Sie haben sich mit dem Katechismus wie mit dem Schulwissen vollgesogen, mit Geistes- wie mit Naturwissenschaften, mit Geschichte wie mit Geographie, mit dem Staat wie mit der Politik, aber was haben sie ihren Kindern vermacht? Autonomie. Denn im Namen der heiligen Freiheit haben sie die Institutionen zerstört, die sie ausgetragen hatten. Und was haben sie ihrerseits auf die Welt gesetzt? Totgeborene. Frei sind ihre Sprößlinge, o ja! Zum Verrekken frei, denn sie haben nichts als die Freiheit geerbt, während ihren unwürdigen Eltern unzählige Bindungen zuteil geworden waren, von denen sie erst jetzt, leider zu spät, merken, daß sie die eigentliche Matrix der Autonomie darstellten. Und was das Schlimmste ist: Diese inzwischen alternde, kindisch werdende, mosernde Generation schickt sich an, die Vergangenheit zu vermissen, die Dekadenz der Sitten, den »Niveauverlust« zu beseufzen, und geht so weit, eine ordentliche Wiederbelebung von Recht und Ordnung – ein wenig Autorität, zum Teufel! – und eine »Rückkehr zu Gott« herbeizuwünschen, um am Drücker zu bleiben! Mögen sie doch die Schuld bei sich selbst suchen, diese Selbstmörder, die ihre eigenen Kinder geselbstmordet haben! Liegen die Institutionen einmal am Boden, richten sie sich ebensowenig wieder auf wie Initiationsriten: einmal lächerlich gemacht, bleiben sie es. Und in diesen Trümmern müssen ihre Nachkommen leben. Klagt man sie an, behaupten sie zweifellos, sich all dessen nicht bewußt gewesen zu sein; wie ihre Eltern, die Kriegsgeneration, bekennen sie, »Befehlen gehorcht« zu haben: »Wir wußten von nichts.«

O doch! *Wir wußten.* Eines Tages wird unsere verhätschelte, verdorbene, verderbende und vertrottelnde Generation Rechenschaft abzulegen haben. Ja doch, ich bin geständig: Wenn ich mich auf diese unmögliche Aufgabe eingelassen habe, so geschah es, um den durch meine Schuld, durch meine übergroße Schuld gekappten Faden neu zu knüpfen. Aber ich habe Besseres zu tun als Größe und Elend der Kinder des letzten Jahrhunderts auszumalen: Ich habe den Pfeil des Fortschritts zu modifizieren, die Arbeit der Wissenschaften neu zu begreifen, das Recht zurückzugewinnen, die Politik wiederzufinden, dem Wort Institution einen neuen Sinn zu geben, darüber zu entscheiden, was man den Kindern hinterlassen muß.

Wieder Kinder zu haben. Dieser langen Geschichte des Westens einen anderen Sinn zu verleihen, mit der Modernisierung Schluß zu machen. Nein, ich habe nicht den Verstand verloren, ich bin mit dem Alter nicht »reaktionär« geworden, aber ich habe allmählich realisiert, daß wir nie modern gewesen sind. Ich habe mich daher gefragt, ob die Grenzen zwischen religiösen und unreligiösen Menschen sich nicht verschoben haben, und ob es infolgedessen nicht ein wenig Spielraum für eine Reprise der religiösen Rede gäbe.

Wer kann heute mit Sicherheit trennen zwischen dem, was vergehen, und dem, was bleiben soll? Wer verfügt über den Prüfstein, der »Reaktionäres« von »Progressivem« unterscheidet? Niemand mehr. Deswegen wage ich es, mich wie Janus, auf doppelsinniger Schwelle zaudernd, abwechselnd an zwei unterschiedliche Lager zu wenden, an die drinnen und an die draußen. Bin ich an meinem Ziel gescheitert, weder die einen noch die anderen zu schockieren? Sie erblicken in all dem nur eine grausige Rückkehr zur Vergangenheit, einen absurden Traum von katholischer Restauration, einen im Ansatz gescheiterten Versuch zu christlicher Modernisierung, einen ruchlosen Laizismus? Warten Sie nur ab, ich fange ja erst an. Legen Sie mir bitte nicht Übersetzungsdefizite zur Last, die ich nicht verursacht habe. Alles spricht gegen mich, ich weiß wohl, alles klagt mich an, aber ziehen Sie mich nur für meine eigenen Irrwege zur Verantwortung, nicht für die der anderen – vor allem nicht für die meiner Generation.

Der Einsatz der Ratio

Eines ist sicher: wenn wir wieder anfangen wollen, ohne Umschweife von diesen Dingen zu sprechen, ohne zu sortieren, ohne zu reinigen (und doch zu sortieren, zu unterscheiden), dürfen wir keine Sekunde auf den Verstand und seine Werkzeuge verzichten. Es würde zu nichts führen, sich beim Klang der Gitarre bei der Hand zu nehmen, herumzutanzen und darauf zu warten, daß eine warme, freundliche Stimmung uns sanfte Gedanken, ein brüderliches Lächeln eingäbe. In diesen Religionsangelegenheiten darf man nicht sentimental sein. Nur umsichtige, erfinderische begriffliche Arbeit, nur präzises Denken können uns beredsamer machen. Wie können wir hoffen, richtig zu reden, wenn wir damit anfangen, den Verstand zu demütigen, indem wir ihm von vornherein Grenzen ziehen und dann, wenn er am Zoll stehenbleibt, ihm ein anderes Vehikel zum Weitertransport anbieten, eines, das man beispielsweise »Glauben« nennen mag. Ich kenne solche Umladungen nicht und habe kein Vertrauen in diese monströse Form von »intermodalem Transport«, wie man bei der SNCF[6] sagt. Entweder geht es um den *Inhalt* Information, und dann ist die Ratio in ihrer wissenschaftlichen Form unbegrenzt gefordert; oder es handelt sich darum, *Behälter* zu transportieren, Personen zum Vorschein zu bringen, und auch dazu brauchen wir unsere ganze Ratio, unsere ganze Intelligenz, die ganze Subtilität unseres Denkens – und auch da unbegrenzt. Die Dinge, von denen ich spreche, sind nicht irrational, sondern erfordern die ganze Verstand, die einzige und alleinige Ratio, die wir haben, um zu überleben. Wir brauchen keine andere Erleuchtung, keine plötzliche Offenbarung, keine Stimme des Gewissens, keinen Blitz, der aus dem Himmelsgewölbe herabfährt. Wenn es eine Offenbarung gibt, dann quillt sie von unten, aus der Sache selbst hervor, die die Intelligenz zu erläutern, wieder ins Spiel zu bringen sucht, und wird uns nicht von oben zuteil, um sie scheinbar zu erleuchten.

Was übrigens in der lächerlichen Debatte zwischen »Glaube und Ratio« Ratio genannt wird, ähnelt in nichts der Arbeit wissenschaftlicher Referenzierung, der Herstellung jener schwindelerregenden Übergänge, die uns ermöglichen, über Transformationsketten das Universum zu erfassen. Einzig die Doppelklick-Kommunikation hat sich einbilden können,

6 *Société Nationale des Chemins de Fer*, französische Eisenbahngesellschaft. (A. d. Ü.)

eine Bühne zu konstruieren, wo es zwischen DER rationalen Wissenschaft und DER irrationalen Religion zu wählen gilt. Was man in dieser Komödie »Ratio« nennt, ähnelt mehr einer im Lauf der Zeit angehäuften Menge fester Wurfgeschosse, deren ein Kasper sich bedient, um die Naiven zu steinigen, die Festung des »Glaubens« zu bombardieren, ihre Mauern einzureißen und die Gläubigen vom »Einfluß des Obskurantismus« zu befreien, in dem die »Diktatur des Klerus« sie gefangenhält. Kein Einsatz der »Ratio« in diesem polemischen Sinne ohne einen symmetrisch wachsenden »Glauben« der Gläubigen, die die unzerstörbare Zitadelle der Irrationalität aus den Steinen gemauert haben, die ihre Gegner auf sie warfen. So daß Rationalität und Irrationalität gemeinsam wachsen: die Belagerer werden der »Ratio« immer gewisser, während die Belagerten sich bei jedem weiteren Katapultgeschoß erneut davon überzeugen, daß ihnen kein Heil bleibt außer beim »Irrationalen«, dem Jenseits aller Ratio. Würden sie übrigens dahin gelangen, an den »Grenzen der Ratio« zu zweifeln, würde das bornierte Räsonnieren ihrer rationalistischen Gegner ihnen voll und ganz rechtgeben!

Aber es ist lange her, daß die Mauern von Jericho gefallen sind, und zwar ohne Trommeln und Trompeten: Dieser Jahrmarkts-»Verstand« wird den Wissenschaften ebensowenig gerecht wie der »Glaube« der Religion. Die transparente, unmittelbare Kommunikation hat mit der Arbeit der Information nicht mehr gemeinsam als der Zugang zum Jenseits mit der feinsinnigen Lebenskunst der religiösen Äußerung. Wenn irgendeine Schlacht überflüssig geworden ist, dann diese. Ohnehin haben wir nicht mehrere Gehirne, keinen sechsten Sinn, keine anderen kognitiven Fähigkeiten als die, die wir bald auf Vehikel applizieren, die uns in die Ferne führen, bald auf solche, die Nähe herstellen. Zwar unterschieden die Transportmittel sich ebenso wie ihre Wege und Spuren, nicht aber der Fahrer und seine Fahrgäste, die zwangsläufig dieselben sind. Nein, ich habe nicht den Verstand verloren, ich will lediglich, daß er seine ihm auch sonst zur Verfügung stehenden Kräfte dazu einsetzt, die Wege jener seltsamen Worte nachzuvollziehen, die diejenigen, an die sie gerichtet sind, aufzurichten scheinen. Was den Weg der Wissenschaften angeht, so habe ich sie lange genug genutzt, um für den Augenblick nicht darauf zurückkommen zu müssen.

Das notwendige Lügengewebe

Der Horror, den besonnene Geister bei der Annäherung an solche Fragen empfinden, ist aber durchaus verständlich. Sobald man den beruhigenden Weg der Kommunikation verläßt, um wieder von

Religion zu sprechen, scheint man in eine Form von *Lüge* eintauchen zu müssen, in das Geheimnis einer Erfindung, die, um die Wahrheit zu sagen, *zwangsläufig* lügen muß. Diese Erfahrung geht zwar weder über den Verstand noch über Alltagskompetenzen hinaus, und doch ist einzuräumen, daß sie nicht leicht zu verarbeiten ist, weil ihr Thema eben darin besteht, die Sprechgewohnheiten *aus der Bahn zu werfen*, den Informationstransfer zu *behindern*, sich aller Kommunikation zu *entwöhnen*. Was das Mißtrauen der Räsonneure erklärt – ohne es zu rechtfertigen –, liegt darin, daß die Religion um der Wahrheit willen tatsächlich lügen oder zumindest, falls dieses Wort schockiert, zu gelehrten, nein, zu frommen, nein, zu vernünftigen *Elaboraten* greifen muß.

Bei Liebenden, die unaufhörlich ein und dieselbe gemeinsame Liebesgeschichte in anderer Form wiederholen, wird eine solche kontinuierliche Neuschöpfung jedoch mühelos akzeptiert. Wenn die Liebende ihren Freund bittet, ihr seinen Glauben zu bestätigen, verlangt sie von ihm nicht zu mimen, was er einst ausgesprochen hatte, oder ihr zu sagen, wie er sie im Perfekt *geliebt hat*, sondern wie er sie *jetzt*, im Indikativ Präsens, liebt. Ohne dies bliebe der Sprechakt wirkungslos; vergebens würden die Liebenden den Namen ihres G. anrufen. Aber zwischen den beiden Zeitstufen, zwischen einst und heute, hat sich vieles geändert; jede Zelle ihres Körpers hat sich erneuert;

sie haben nicht mehr dieselben Sorgen, dieselben Beziehungen; andere vertraute Bezeichnungen kommen ihnen über die Lippen. Unterirdisch haben ihre Orientierungspunkte sich allmählich verschoben. Folglich gibt es nur zwei Möglichkeiten: Entweder bleibt der Liebende dem treu, was er einst gesagt hat, und er wiederholt es wortwörtlich – aber dann spricht er eine Lüge aus, da es ihm nicht mehr gelingt, jetzt den richtigen Tonfall zu treffen; oder aber – getreu dem, was diese Liebe fordert, nämlich in der Gegenwartsform zu sprechen – er sagt etwas ganz und gar *anderes*, als er früher gesagt hatte, da die Orientierungspunkte sich geändert haben: und er spricht *abermals eine Lüge* aus, diesmal im Verhältnis zu der Tradition, die er bewahren wollte. Entweder ist er der Tradition treu, aber dann lügt er, da die von der Gegenwart abgelösten Worte sich nur mehr an eine entfernte Vergangenheit richten; oder er ist der Gegenwart treu, aber dann lügt er von neuem, da die heilbringenden Worte sich von den bisher gesprochenen *unterscheiden*.

Dieses Paradox läßt keinen Ausweg zu, sofern wir nicht von etwas anderem sprechen und nach Fernem forschen wollen – es sei denn, man hält die Zeit an, läßt die Sonne stillstehen. Wer von Liebe reden, jene Worte mit den seltsamen Eigenschaften der Vergegenwärtigung aussprechen will, muß stets in der Gegenwartsform, im Heute sprechen, und da die Gegenwart sich von der Vergangenheit unterscheidet, muß das neue Sprechen, soll es neu vernommen werden, sich von dem alten Sprechen *unterscheiden*. Anders gesagt, es gibt kein wirklich erlösendes Wort, *das man schon einmal gehört hat*. Entweder ist es wirksam, es erlöst, es richtet auf, Sie verstehen, worum es geht, und es ergreift Sie zum ersten Mal; oder man hat es schon hundertmal gehört, man weiß wohl, was es bedeutet, und dann ist es sicher nicht das, worum es geht. Entweder bringt man es fertig, die Liebe herbeizubeschwören, und sie ist da, bewiesen durch ebendas, was Sie sagen, oder Sie sprachen von etwas anderem, aber sicher nicht von Ihrer Liebe. (Die Liebende kennt diese entnervende Fähigkeit des Geliebten, ihrer Aufforderung auszuweichen – »Du versuchst abzulenken«, »Warum wechselst du das Thema?«, »Du tust so, als würdest du nicht verstehen, was ich meine«, »Du brauchst dich nicht zu rechtfertigen« –, mit bläßlichen, lächerlichen, nichtssagenden Wendungen tut ihr Gefährte alles in seiner Macht Stehende, den Faden ihrer Liebe nicht weiterzuspinnen.) Hätten wir nicht jahrhundertealte Defizite aufzuarbeiten, wäre nichts klarer als diese Forderung: man fände sie von kindlicher Schlichtheit. Alle Verliebten wissen es wohl, genauso wie jene verehrungswürdigen Väter, die daraus »den unwiderlegbaren Gottesbeweis« machten: Entweder sprechen wir von G., und dann existiert er, weil, wie die Philosophen sagen, sein Wesen sein Dasein impliziert; oder wir denken an etwas, was nicht existiert, und dann haben wir an alles mögliche gedacht, aber sicher nicht an G. Immer diese Abhängigkeit vom treffenden Wort, diese Theurgie.

Auf den ersten Blick scheint die Forderung widersinnig, stets zu reden, als sei es das erste Mal, von der Gegenwart zu reden, von Ihnen, von mir, hier, jetzt – aber wie soll man die früheren Worte retten und ihnen doch treu bleiben? Entweder entledigt man sich des alten Plunders, aber dann haben wir kein einziges Wort mehr, das uns die Überlieferung gab; oder man hebt ihn andächtig auf, aber dann ist man der Vergegenwärtigung untreu. Und doch muß gerade in dieser heiklen Mechanik der Lüge, der Elaborate, das Mittel zu finden sein, endlich die angehäuften Rückstände zu bezahlen, diese schwindelerregenden Schulden abzutragen, die uns hindern, unser Gut wiederzuerlangen. Diese Maschine gilt es wieder in Gang zu bringen. Offenbar handelt es sich niemals schlicht darum zu entscheiden, ob alles papageienhaft nachzuplappern oder alles jedesmal *ab ovo* neu zu erfinden sei. Und noch weniger darum zu modernisieren, anzupassen, zu lokalisieren. Vielmehr geht es darum, ausgehend von der gegenwärtigen Erfahrung neu zu verstehen, was die Überlieferung uns wohl sagen könnte – sie verleiht uns dann Worte, dieselben Worte, aber sie sind anders auszusprechen. Nicht die Erneuerung desselben, sondern sein *Vergegenwärtigen* tut not. Eines ist die *Wiederholung des Wiederkäuens*, ein anderes die *Wiederholung des Erneuerns*: die erste scheint treu, ist es aber nicht, die zweite scheint untreu, während doch einzig sie den Schatz aufhebt, den die andere verschleudert, indem sie ihn zu bewahren glaubt.

Liebende beispielsweise beurteilen die Form ihrer Äußerungen nicht danach, wie alt oder neu sie sind. Nichts ist repetitiver als die Musik Liebender; immer kommentieren sie dieselbe Geschichte, die eigene, aber in zwei Varianten, zwei Tonarten, die in der Krise radikal auseinandertreten. Ihre Geschichte ähnelt zwei widersprüchlichen Webmustern, die ineinandergreifen wie die bebenden, verschobenen Spiegelungen von Arkaden einer langen Straße in den Pfützen nach dem Gewitter. Bald lesen sie ihre ganze Vergangenheit, als sei sie nur die Geschichte einer unaufhörlich wachsenden Verständnislosigkeit, die, von der Vergangenheit zur Gegenwart abwärtsführend, lückenlos beweist, daß die Zukunft sie für immer trennen muß. Bald stricken sie, dieselben Episoden, dieselben Gesten, dieselben Worte umkehrend, verbiegend, weitertreibend, berichtigend, umdeutend, eine andere Geschichte, die, der ersten völlig entgegengesetzt, in sie hineinschlüpft und vom jetzigen Zeitpunkt her durch ebenso unzweifelhafte Beweise zeigt, daß sie sich immer geliebt haben wie am ersten Tag, besser als am ersten Tag, und daß sie keine andere Zukunft haben als gemeinsam alt zu werden und einander immer näherzukommen. Und jede dieser Geschichten ist in der anderen enthalten und hartnäkkig präsent wie ein Gewissensbiß, wie eine Gefahr, so daß man niemals für sicher halten darf, was der gegenwärtige Augenblick gerade beweist. Wie jene Vexierbilder, bei denen Vorder- und Hintergrund je nach Sehgewohnheit oder Blickwinkel austauschbar sind, verzahnen diese beiden Berichte sich derart ineinander, daß derselbe gegenwärtige Augenblick den Abschluß eines Abenteuers bedeuten kann, das mit dem heutigen Tag endet, und den Ausgangspunkt eines Abenteuers, das wieder ganz von vorn beginnt. Alle Episoden sind dieselben, und keine gleicht der anderen. *Hic est saltus*, hier muß der Sprung gewagt werden!

Warum sind wir bei dieser Gymnastik der Liebeskrise so geschickt geblieben, während wir derart ungelenk geworden sind, wenn wir sie als Modell für ein neues Verstehen der religiösen Erfahrung nutzen wollen? Liegt es an der fehlenden Ähnlichkeit zwischen der Privatgeschichte von Paaren und der Heiligen Geschichte? Vielleicht unterscheiden sie sich ja nur in der Dimension der Sammlung, dem Streben nach Erlösung, der Auswahl des zu errettenden Volkes. Versuchen wir noch einmal, das Große durch das Kleine zu erfassen, das Heilige durch das Profane, das Unakzeptable durch das Vertraute. Denn es scheint ganz so, als könne dieselbe Überlieferung sich in zweierlei Aggregatzuständen darstellen: fest oder gasförmig.

Was an eine andere Zeit und einen anderen Ort adressiert ist, verliert alsbald seine frühere Frische, seine Wirksamkeit; rekonstruieren wir es, scheint es uns nurmehr ein künstliches Hindernis für das Verständnis dessen, worum es geht. Da ist nichts zu machen. Öffnen wir uns ihm geistig, können wir wohl glauben, daß es die Macht hatte, diejenigen definitiv zu transformieren, an die es sich *einst* wandte, aber das läßt uns gleichgültig. So weit der feste Zustand der Überlieferung, ihre tödliche Schwere. Sobald ich mir nun aber endlich selbst darüber klar werde, um was es geht, beginne ich auch zu begreifen, was sie erschüttert haben kann. Wie die Liebenden ihre Geschichten neu deuten, wenn die Krise hinter ihnen liegt, so läuft auch für uns nunmehr die Zeit rückwärts, erschließt von der Gegenwart her die Vergangenheit und taucht die dunklen Schriften in strahlendes Licht: »Alles hellt sich auf, ich las, ohne zu verstehen.« Und doch bleibt jede der jetzt verständlich gewordenen Formulierungen fremd, exotisch, keine gleicht denen, die wir verwenden, sie sind alle schon deswegen trügerisch, weil sich jede an einen anderen Ort, an eine andere Zeit, an andere geschichtliche Personen wendet. Gewiß, aber an jedem dieser Orte, zu jeder Zeit, auf jede dieser Personen übten sie die gleiche Wirkung aus, die ich endlich erstmals so begreife, wie sie von den

Zeitgenossen der Pfingstbotschaft verspürt worden war: »Also das wollten sie sagen? Warum habe ich es bloß nicht früher verstanden?« In dem Maße, in dem diese blitzartige Erleuchtung mich ergreift, schießen gewissermaßen alle Momente der Genesung zusammen und fügen der Geschichte der unterschiedlichen Orte und Zeiten eine weitere Geschichte hinzu, nein, dieselbe: die der Vergegenwärtigung derselben Offenbarung und derselben Wiederherstellung. So weit die Offenbarung dieser Identität reicht, so weit reicht das Gefühl, mit denen ein Volk zu bilden, von denen man jetzt mit Verblüffung feststellt, daß sie trotz aller Distanz, die uns von ihnen trennt, mit denselben Worten angesprochen wurden wie wir – mit Worten, die sich doch formal in nichts gleichen, da die Definition »desselben« sich ihrerseits geändert hat. Die Überlieferung hat ihren Aggregatzustand geändert, sie ist nicht mehr fest, sondern gasförmig, leicht – man könnte sogar sagen geistig, wenn auch dieses Wort einen neuen Sinn annähme.

Es wird schrecklich kompliziert. An diesem kritischen Punkt angelangt, dürfen wir keineswegs nachlassen. Nicht wortbrüchig werden. Uns nicht davor fürchten, haarspalterisch zu werden, um letztlich die Schlichtheit wiederzugewinnen. Keine Herzensergießung, keine Sentimentalität. Unnütz der Glaube, ein unmittelbares Zurück zu kindlicher Frömmigkeit könnte uns gläubiger machen. Worte, die wiederaufrichten, sind weder geradeheraus noch unvermittelt auszusprechen. Um diese subtile (und doch einfache, so einfache) Mechanik zu verstehen, bräuchten wir das ganze Know-how des Ingenieurs, die Akkuratesse des Wissenschaftlers, die Präzision des Zeugen, die Skrupel des Asketen – und nicht zu vergessen die Leichtigkeit des Engels.

Wie die Überlieferung funktioniert

Nehmen wir Schritt für Schritt, in aller Ausführlichkeit, den Mechanismus jener wahrhaften Lüge, jenen *modus operandi* wieder auf, durch den aus der sprachlichen Überlieferung *wohlgeformte* religiöse Äußerungen hervorgebracht werden können. Eine bestimmte Äußerung mochte einem bestimmten Volk in einer uns fremd gewordenen Lage klar erscheinen. Dieselbe Äußerung hat, wird sie von einem anderen Volk in einer anderen Lage unverändert wiederholt, keine aktuelle Wirkung mehr, da Zeit vergangen ist. Durch das bloße Verstreichen der Minuten ist, was durchsichtig war, opak geworden. Vom Weg wurde das Wort zum Hindernis, die Wahrheit zur Lüge. Sein bloßes Wiederkäuen könnte der wachsenden Mauer zwischen den Interpretationen nur eine weitere Schicht hinzufügen. Dennoch konnten jene alten Völker nicht umhin, Worte und Rituale aus ihrer Überlieferung, aus dem von ihren Vorgängern angehäuften Schatz auszugraben, mochten deren Lebensformen auch ebensowenig dem entsprechen, was sie sagen wollten, wie ihre eigenen Worte später ihren Nachfolgern genügen konnten. Um den Übergang von einer Zeit zur nächsten zu kennzeichnen, war es daher erforderlich, ihnen einen winzigen, aber entscheidenden *Dreh* zu versetzen. Dieser Dreh bedeutet keine Bearbeitung, keine Verformung, keine Anpassung, keine Modernisierung, sondern eine völlige Transformation, zwingt er doch dazu, statt einer fernen Vergangenheit die Gegenwart zu bezeichnen. Aber wie ist es eigentlich anzustellen, daß eine aus einer anderen Zeit, von einem anderen Ort, einem anderen Volk stammende Aussage sich zu dieser radikalen Transformation eignet? Indem man sie so aufgreift, daß sie zu jeder anderen Verwendung *ungeeignet* wird. Indem man die Hörer durch eine Reihe von Erfindungen, Übersetzungen, Kniffen daran hindert, sich in die Vergangenheit, in ein Anderswo versetzt zu fühlen, so daß sie unter herzhaftem Gähnen vergessen, worum es überhaupt geht. Man wird den altehrwürdigen Satz nicht unbedingt gegen einen völlig neuen eintauschen – denn nichts beweist, daß ein neuer Ausdruck der Aufgabe besser gewachsen sein wird –, aber indem der alte dazu gezwungen wird, die Gegenwart zu bezeichnen, wird ihm ein Siegel aufgedrückt, das ihn für einen kurzen Augenblick erneuert. Darin besteht das Geheimnis der Elaboration: Die Tradition wird tatsächlich wiederaufgegriffen, aber so gewendet, daß sie von neuem Gegenwart erzeugt. Den Preis für diese Verlagerung bezahlen wir durch eine radikale Transformation, die das Verlagerte aber nicht veränderte.

Die allgemeine Form dieser Exegese hat nichts Geheimnisvolles, sie ist von geradezu entsetzlicher Banalität. Was wäre langweiliger als der Satz »Ich liebe dich«? Dutzende von Millionen Menschen haben dieselbe Formel benutzt. *Boring, so boring.* Und »ich«? Dieses leere Pronomen hat allen irdischen Wesen als Maske gedient – zumindest denen, deren Sprache die erste Person Singular kennt. Was gibt es Unpersönlicheres als das Personalpronomen »dich«, das unterschiedslos alle »dus« bezeichnet? Und was soll man von diesen Ausdrücken sagen, die die Linguisten »deiktische« nennen – »ich«, »hier«, »jetzt« – und mit denen man das Gegenwärtigste, Unmittelbarste, Konkreteste durch das Hohlste, Allgemeinste, Abstrakteste bezeichnet? Selbstverständlich werden die Wörter selbst, die abgenutzte Leier der Personalpronomina, den Liebenden nicht genügen, wenn jeder von ihnen sich in seiner Sprache ausdrücken will, um zu sagen, was er auf dem Herzen hat. Sie haben jedoch nur die Wörter zur Verfügung, die ihr Stamm ihnen vermacht hat. So kreativ sie auch sein mögen, sie werden nicht die Grammatik neu erfinden. Andererseits können sie nicht stumm bleiben. Am Ende müssen sie wohl oder übel wieder miteinander sprechen: »Warum sagst du nichts zu mir? Warum bist du so still?« Um wieder miteinander ins Gespräch zu kommen, werden sie der ewigen Leier, dem widerwärtigen Gerede einen Wink, einen Stoß, etwas Umwerfendes hinzufügen, nur eine Kleinigkeit, irgend etwas, das dem banalen Satz von innen her das Siegel des Authentischen verleiht. Der Gesprächspartner empfängt gleichzeitig, gewissermaßen stereophon, beide Botschaften, die der sinnleeren Wiederholung und die der erneuernden Wiederholung. Er kann die eine als Schlüssel für die andere benutzen: entweder entschließt er sich, das liebende Wort zu streichen, indem er die im Hintergrund mitschwingende Banalität wahrnimmt (*boring, so boring*), oder er läßt sich von der alten Leier erschüttern, in deren Hintergrund er den Appell zur Wiederannäherung vernimmt. Wie das Icon der Batterien eines Laptop, den man an eine Steckdose anschließt, sogleich durch einen Blitz anzeigt, daß sie aufgeladen werden, wird abgenutzten Wörtern hier blitzartig eine Spannung zuteil, die signalisiert, daß auch sie in ebendiesem Augenblick wieder Sinn gewinnen.

Zwei Geschichten in einer

Man beurteilt die Wahrheit verliebter oder religiöser Worte daher nicht nach Alter oder Neuigkeit, sondern danach, wie sie sich miteinander verbinden, um jene Energie zu leiten oder nicht zu leiten, die entfernen oder annähern, töten oder retten wird. Ob sie veraltet, mit Patina überzogen, ehrwürdig wirken oder im Gegenteil neu, todschick, glamourös, verschlägt dabei wenig. Ohnehin hat jedes für sich genommen und aus sich selbst heraus keinerlei Sinn: einzig die Kette, die Abfolge, die Verkettung sind von Bedeutung. Oder vielmehr: von zweierlei Bedeutung, je nachdem ob die Kettenglieder sich durch das verbinden, was sie unangetastet gelassen, oder durch das, was sie völlig transformiert hat. Als ob jedes der Kettenglieder zwei Aktivierungspole, zwei Durchlässe, zwei Anschlüsse hätte: einen, der die unendliche Entfernung zwischen den räumlich und zeitlich verstreuten, unterschiedlichen Situationen anzeigt, und einen anderen, der für jede Situation ihre Reprise, ihr Wiederaufladen, die Wendung indiziert, die den vorangegangenen Satz eine Zeitlang verständlich gemacht hat. Aber leider verwandeln die kleine Erneuerung, die kurze Erschütterung, das Zögern, die Unähnlichkeit, die Reprise, der Rückzug, die Lüge, das Elaborat, die einem Volk ermöglicht haben, sich die Sprache ihrer Vorgänger anzueignen, für seine Nachfahren sich naturgemäß in etwas, was *ihrem* Verständnis der Botschaft im Wege steht. Die Innovationen eines Liebespaars, mit denen es ihm gelingt, seine Liebe in romantische Phrasen zu kleiden, helfen einem anderen Paar, das nun zwei abgenutzte Formulierungen statt einer aufzugreifen hat, in keiner Weise: die Neuformulierung hat sogleich ihre Frische eingebüßt, da sie sich an vollkommen fremde Menschen wandte, und kann uns daher hier und heute nicht mehr nutzen.

Mit anderen Worten: Archivierung und Wiederholung erlauben es dem ersten Verbindungsmodus, die Sätze bequem zu überliefern; er *blockiert* sie aber, sobald sie räumlich oder zeitlich verlagert werden sollen. Um sie freizubekommen, muß man jedesmal von Null an beginnen, wobei wir uns aber auf nichts anderes stützen können als auf die armseligen ererbten, ausgepreßten, kleingemahlenen, verbogenen, verdrehten Wörter. Zwei Geschichten also wohnen beisammen, ineinander verschränkt wie die beiden Liebesgeschichten: Die erste durchmißt die Reihe der Formulierungen, die falsch waren, dann erneuert wurden, dann erneut verfälscht, bis die abgelagerten Halblügen und Halbwahrheiten schließlich den Eindruck einer ausgedehnten Rumpelkammer hervorrufen, der um jeden Preis entfliehen muß, wer nicht ersticken will. Und doch verbindet die zweite, bescheidene und heimliche, retroaktive und subtile, geschmeidige und hartnäckige Geschichte alle Elemente untereinander, bei deren Reprise bemerkbar wird, daß durch die Diversität der sukzessiven Ausdrücke und sukzessiven Enttäuschungen hindurch es sich immer darum gehandelt hat, Völkern dasselbe zu sagen, die ebenso unterschiedlich wie auf die gleiche Weise erschütterbar waren. Die unerträgliche Lüge wird zur eklatanten Wahrheit: »Ah! Das haben sie sagen *wollen*!« Betrachtet man die Geschichte unter dem Aspekt der *Longitudinalserie* der Wiederholungen, die von der Vergangenheit über Wiederkäuen und Deformieren zur Gegenwart führen, dann ist die Geschichte ein Lügengewebe, die Religion das Exempel für Nonsens schlechthin; greift man sie dagegen gewissermaßen als *Transversalserie* von Wiederholungen auf, die von der Gegenwart zur Vergangenheit aufsteigen, wird die Geschichte wieder wahrhaft und die Religion (zumindest in jener Tradition der Rede über das Wort) zum Exempel schlechthin für die Heraufkunft von Sinn.

Unmöglich jedoch, die Beziehung zwischen diesen beiden Visionen, diesen beiden Geschichten definitiv festzulegen – auch die wieder versöhnten Liebenden dürfen ja nicht wähnen, sie seien jetzt für immer vereint und einander nah. Mit dem religiösen Wort steht es wie mit jenem ständig schrumpfenden Gewand, über das Dante im *Paradiso* spricht: Damit es seine Länge behält, müssen ihm unablässig Stücke hinzugefügt werden.[7] Die Lüge, das Elaborat sind konstitutiv für die religiöse Äußerung, da Aussagen, Rituale stets abgewandelt werden müssen, um in der Gegenwart weiterhin als wahr vernommen zu werden, und da dieses Weitergleiten, dieses Verrutschen, diese Trift nur nachvollzogen werden können, wenn man jene altehrwürdigen Worte aus ihrem vergangenen Kontext löst und wendet, um ihnen eine aktuelle Bedeutung unterzuschieben, die sie nie hatten, und da diese zur Reprise der Botschaft unerläßliche Invention, dieser angestickte Saum, kaum ausgesprochen, auch schon das Verständnis der Nachgeborenen stört, die sich des alten, gewendeten Worts *und des alten Saums* bemächtigen müssen, um zu befinden, ob sie dank der intensiven Erneuerungsarbeit der vorangegangenen Generation eigentlich besser verstehen, oder ob sie aufgrund der mit der Zeit geradezu schwindelerregend gewordenen Aufhäufung von Falschheiten nun *weniger gut* verstehen. Wer glaubt, er könne dies verbessern und vereinfachen, um die Religion endlich unmittelbar, ohne Störer und Vermittler, zugänglich zu machen, wird sie stets nur noch schwieriger und undeutlicher machen.

Dieses Überkreuzen von Bedeutungen hat übri-

7 »Der Adel unseres Bluts! (…) / ’s ist doch ein Ehrenkleid, das hurtig schrumpft; / stückt man nicht Tag für Tag etwas hinzu, / gleich geht die Zeit mit ihrer Schere dran.« *Die göttliche Komödie. Paradies*, XVI. Gesang, 1-9, übers. v. Karl Vossler. (A. d. Ü.)

gens nichts Außergewöhnliches. Wir alle machen die Erfahrung des Unterschieds zwischen Longitudinal- und Transversalserien, wenn wir auf den Rhythmus achten, der einem gleichwohl kontinuierlichen Musikstück entströmt. Es gibt den Zeitfluß, der stets weiterträgt, er hat einen Beginn, eine Mitte und ein Ende; und dann gibt es da noch ein wiederkehrendes, pulsierendes Schlagen, das stets dieselben Taktteile und Klänge betont und aus einem nichtlinearen Fluß heraus die transversale Figur der Kadenz erzeugt. Beide voneinander zu trennen ist für immer ausgeschlossen: ohne die Kontinuität der Melodie könnte der Rhythmus nie hörbar werden. Und doch hält er sich gewissermaßen im Hintergrund, steht durch seinen repetitiven Charakter quer zu der Kontinuität des Zeitflusses, der den Hörer mit sich zieht. Der Rhythmus ist dem nicht äußerlich, aufgepfropft, er wohnt ihm inne, wird vom Zeitfluß hervorgerufen, *geschlagen*.

Die geoffenbarten Sätze und Texte haben dieselbe Struktur: Sie erzählen eine Geschichte, die einen Anfang, eine Mitte und ein Ende hat, aber durch ständige Reprisen derselben Elemente schlagen sie gleichzeitig einen Takt, rufen sie einen Rhythmus hervor. Sie brechen die zeitliche Kontinuität auf und verhindern so, daß man sich auf ihre Longitudinalserie fixiert, daß man sich von dem meist anekdotischen Sinn der Geschichte mitreißen läßt, bis man hörfähig, bis man aufmerksam wird, bis man es schafft, die transversale, vertikale Serie zu hören, die ins Innere der anderen Serie eingebaute und quer zu ihr gelagerte Botschaft. Aber diese Botschaft ist wie der Rhythmus eines Schlagzeugs der Geschichte nicht äußerlich, er wohnt ihr inne. Er ist *diese* Geschichte, freilich als wiederaufgenommene, unterbrochene, kadenzierte, rhythmisierte, wiederholte. Beide lassen sich so wenig voneinander trennen wie die Form eines Wasserstrahls von der Flut der Tropfen, die ihn materialisieren und in jeder Sekunde erneuern. Von solchen Texten läßt sich durchaus sagen, daß sie »retten«, da sie in ihrem Rhythmus darstellen, wovon sie sprechen: im Verlauf des kontinuierlich ablaufenden Berichts ersteht eine Zeit, die nicht abläuft. Was diese heiligen Texte, diese seltenen Texte besagen, ist, daß man den Tod nicht besiegt, indem man sich außerhalb der Zeit stellt, sondern indem man ihm in gewisser Weise den Takt schlägt, um ihn zu rhythmisieren, zu kadenzieren, zu strukturieren. Wenn ihnen nicht gelänge – sagen diese Texte –, ihrem zeitlichen Ablauf eine solche Umkehrung einzubeschreiben, dann hätte der Tod am Ende gewonnenes Spiel. In der Moderne hat Péguy durch die Erfindung eines repetitiven Stils dieses Pulsieren wiederaufgegriffen, dessen Theorie ich stammelnd von neuem zu buchstabieren suche.

Angesichts dieses Mechanismus, der nichts Irrationales hat, mag sein Räderwerk auch selten beschrieben werden, verstehe ich besser, warum es mir unmöglich gewesen wäre, den religiösen Diskurs zu *reinige*n: die Unreinheit stellte eine Voraussetzung des Modells dar. Auf Lügen, auf Elaborate verzichten hieße, sich dem Namenlosen oder der Banalität eines ebenso universellen wie faden Gefühls auszuliefern. Es gibt keinen anderen Weg als diesen mühevollen der Wendung, des Sinnverlusts, des Archivierens, des Wiederkäuens, der Reprise der Reprise – und so fort, Jahr für Jahr. Es gibt keine religiöse Rede, die nicht zögerte, stotterte, unbeholfen wäre. Es sei denn, man hielte die Sinnmaschine an und ließe aus Trägheit oder Feigheit die Übersetzungsrückstände weiter anwachsen. Dann spräche man klar und geradezu, freilich zu Hörern, die kein Sterbenswörtchen mehr verstünden. In der Religion gibt es kein unmittelbar adressiertes Sprechen – ebenso wie es in den Wissenschaften keine klaren Aussagen gibt, die nicht ausführlich belegt wären. Der nackten, aber eisigen Wahrheit ziehen wir stets die mit Schleiern aus wattiertem Samt weich umhüllte vor.

Ich verstehe nun auch besser, was an der Lösung der »geistigen Vorbehalte« so elend war. Ich habe nicht unwahrhaftige Worte in ein endlich zutreffendes und präzises Idiom zu übersetzen, denn keine noch so aktuelle, noch so neue Sprachschicht ist, wenn ihr der Blitz, das Leuchten der Wiederaufladung fehlt, der ältesten, abgedroschensten, fadesten vorzuziehen. Und umgekehrt: Haben wir einmal diese Wendung, diese Reprise vollzogen, dann summieren sich alle Reprisen (aber es ist keine Addition, eher eine Umsetzung, eine Übersetzung im technischen Sinn), die ebenso die frommen Lügen einer bescheidenen Schäferin rechtfertigen wie die sublimen Inventionen eines gelehrten Mystikers. Was ich in meine innere Sprache zu übersetzen begehrte, ist Wort für Wort – nein, gerade nicht, kein Wort ist dasselbe –, was in der ungeschickten – nein, direkten und treffenden – Sprache gesagt war, die ich übersetzen wollte. Die Übersetzung bedeutet keinerlei Fortschritt, sie innoviert in keiner Weise, sofern sie nicht heute zu verstehen erlaubt, daß die Alten schon genau dasselbe verstanden hatten, das bloß anders zu wiederholen also völlig unnütz ist. Und doch, zieht man aus dieser vorübergehenden Identität zwischen den beiden Formen innerer Sammlung den Schluß, es sei überflüssig geworden, die Arbeit der Übersetzung von vorn wiederaufzunehmen, dann ist diese Verkündung der Wahrheit auf ewig verloren, ebenso wie auch die Liebe zwischen den Liebenden sich verliert, sobald sie aufhören, sich zu wiederholen, denn es geht nicht darum, einen Schatz unbeschädigt durch die Zeit zu transportieren, sondern die Truhen zu füllen, um sie erneut insgesamt – banco! – aufs Spiel zu setzen.

Wenn ich nun aber nicht mehr die Botschaft zu reinigen noch die geistigen Vorbehalte zu vervielfachen habe, werde ich endlich ohne Gewissenbisse, ohne Todesnöte mein *Credo* vortragen können. Ich werde geradezu und frei sprechen können: die Zunge wird mir nicht mehr am Gaumen kleben; ich werde nicht mehr zu erröten haben. Indem ich die Hypotheken, die so schwer auf meinen Schultern und denen meiner Nachkommen lasteten, mit einem Schlag abtrage, werde ich ohne Qualen sprechen, werde ich endgültig jubilieren. Aber ach! Die Zeit, in der wir unser Erbe in Besitz nehmen können, scheint noch weit entfernt, da ein neues Störungsmanöver uns aufhält wie ein ungerechter Fiskus, der plötzlich exorbitante Abgaben verlangt. Denn zwischen die Longitudinalserie der Berichte und die Transversalserie der Reprisen schleicht sich eine neue Berichtsform ein. Kaum gestartet, stottert der Motor schon wieder. Die Gläubiger nehmen überhand, die Schuld wächst weiter ins Unermeßliche.

Der Teufel nämlich, den wir einen Weile auf Distanz hielten, findet in diesen zur Reprise des Sinns erforderlichen Gabelungen eine exzellente Gelegenheit, uns aus dem Konzept zu bringen. Wenn wir es mit einer Kette überlieferter Aussagen zu tun haben (die folglich altehrwürdige Formen einschließt, sodann ihre Reprise, dann ihren Verschleiß, dann ihre erneute Reprise), ist die Versuchung groß, einen Transfer, der soviel Geschicklichkeit, soviel Umsicht, soviel innere Sammlung, soviel Skrupel verlangt, zu *vereinfachen.* Dies geschieht unmerklich, als spürten Sie, im Dunkeln tastend, plötzlich den Halt eines hilfreichen Geländers. Wir kennen sie wohl, diese Stütze: es sind die informativen Aussagen. Wie bei einer Weiche erfolgt die Abzweigung derart unmerklich, daß man zunächst nicht spürt, daß man das Eisenbahnnetz gewechselt hat, und, um sich vor realen Schwierigkeiten zu schützen – der anstehenden Reprise einer anspruchsvollen Botschaft –, sich auf ein Labyrinth immer heiklerer Probleme einläßt, deren Ende niemals abzusehen ist. Damit wir die Beute fahrenlassen, um ihrem Schatten nachzujagen, schickt der Teufel uns eine seiner verfluchten Seelen: den Dämon der *Rationalisierung.* Seine Versuchung bläst er uns im Augenblick unserer größten Anfälligkeit ein, wenn die subtilste Differenzierungskraft erforderlich ist, genau in dem Moment, da wir zögern, die alte Form für eine neue preiszugeben, ohne recht zu wissen, ob es sich um eine Mauserung handelt oder um eine Mutation.

Man hat »Glauben« und »Ratio« so sehr in Gegensatz zueinander gebracht, daß es schwierig scheint zu behaupten, die Religion sei heute bis auf die Knochen *rationalisiert.* Und doch: was uns daran hindert, sie wieder aufzugreifen, rührt nicht von der Fremdartigkeit ihrer Äußerungen her, nicht vom Archaischen ihrer Inspirationsquellen, sondern von der wundersamen Masse an Rationalisierungen, die sie mit der Zeit in dem Maß immer unverständlicher werden ließ, als man sie zu erhellen wünschte. »Rationalisiert« bedeutet nicht »vernünftig« oder »rational«, sondern nur, daß jedesmal, wenn eine neue Übersetzung notwendig wurde, versucht wurde, sie durch ein ebenso bequemes wie unpassendes Informationsproblem zu ersetzen, um sich der erforderlichen Reprise zu entziehen. Indem man den Eindruck hervorrief, logischer zu sprechen, ist man von einem Mysterium an Geschicklichkeit in ein Mysterium an Absurdität abgeglitten. Diesem Paradox, nein: dieser diabolischen Falle haben wir uns zu entziehen.

Die Geschichte der Arche Noah ist ein typisches Beispiel für ein Elaborat, das einem uns zeitlich sehr fernstehenden Volk erlaubt haben muß, eine frühere Botschaft wiederaufzugreifen, zu der wir keinerlei unmittelbaren Zugang mehr haben. Der Durchlaß der Longitudinalgeschichte hat uns ihren Sinn entzogen – sofern wir diesen ehrwürdigen Bericht nicht in einer vergleichenden Mythologie der Alten Welt lokalisieren; aber dann würden wir abschweifen zur Archäologie, dann würden wir nicht mehr versuchen, wen auch immer durch einen Bericht zu transformieren, der niemandem mehr etwas sagt. Der Durchlaß der transversalen Geschichte muß uns einen Zugang gewähren – zumindest glaube ich inständig daran –, einen Zugang, der, sei er auch für den Augenblick verstopft, uns wiederfinden lassen kann, was jenes Volk in einem Maße erschüttert haben mochte, daß es seine Reprise durch eine derart frappierende Erfindung ausdrücken konnte, durch die Entlehnung eines seinerzeit disponiblen Mythos, sofern es sich nicht um die Verklärung irgendeines sagenhaft frühen geologischen Geschehnisses handelt. Was konnten sie mit dieser Sintflut bebildern wollen, was uns noch heute anspricht? Strafe? Erneuerung? Abhängigkeit? Hoffnung? Neuschöpfung? Wir wissen es noch nicht. Aber nehmen wir jetzt einmal an, daß uns gerade in dem Augenblick, in dem wir zögern, die Rationalisierung juckt und uns fragen läßt: »Wie umfangreich mußte eigentlich Noahs Arche sein, um alle Tierpaare bequem zu fassen? Aus welchem Holz bestand sie? Wieviel Heu mußten Noah und seine Töchter darin speichern? Wie haben sie vermieden, daß sich auf einem so engen Raum rasch Seuchen ausbreiten?« Wenn wir solche Fragen stellen, fühlen wir wohl, daß irgend etwas nicht stimmt, daß es eine Dissonanz, einen Mißklang gibt, daß wir einen Denkfehler gemacht haben – aber worin besteht er?

Liegt es daran, daß wir versucht haben, an einen offenkundig irrationalen Bericht allzu rationale Fragen zu richten – was nicht mehr Sinn hätte, als einen Verrückten, der sich für Napoleon hält, zu fragen, ob seine Frau Joséphine heißt? Liegt es daran, daß wir versuchen, unseren armen menschlichen Verstand auf geoffenbarte Berichte anzuwenden, deren geheimnisvolles Wirken uns für immer verborgen bleiben wird? Liegt es daran, daß wir uns bemühen, eine bildhafte Geschichte, die natürlich etwas anderes sagen will, wortwörtlich zu nehmen? Nein, diese drei Lösungen – die erste ist zu kritisch, die zweite zu fromm, die dritte zu metaphorisch – würden uns gerade daran hindern wahrzunehmen, wie weit unsere Fragen die passende Tonart verfehlen. Unser Irrtum ist anderen Ursprungs: wir haben ganz einfach versucht, den Abstand zwischen uns und jenem Bericht so zu überbrücken, daß wir Informationen von der Vergangenheit in die Gegenwart transferieren können, während der Text die Transformation seiner Leser *von der Gegenwart* – ihrer damaligen Gegenwart – in die Vergangenheit verlagern wollte. Wir haben einen Kategorienfehler begangen, ganz wie der Liebhaber, der seiner Geliebten auf die Frage, ob er sie immer noch liebe, antwortet: »Ich habe es dir doch schon letztes Jahr gesagt.«

Wenn die Rationalisierung derart dämonisch ist, dann deswegen, weil sie die Aufdeckung solcher Kategorienfehler so verzwickt macht. Sie veranlaßt uns folglich zu Fehlern zweiter Stufe, zu reflexiven Fehlern – und das sind die schlimmsten, denn sie affizieren die Bedingungen der Rede selbst. Die Rationalisierung transformiert den Bericht in ein Problem von Rationalität und Irrationalität, während es sich um etwas ganz anderes handelt: um die Differenz zwischen Wörtern, die Zugang zu Fernem eröffnen, und solchen, die Nähe herstellen. Wenn diese Rationalisierung zu kritisieren ist, so keineswegs, weil sie die Ratio dort einläßt, wo sie nichts verloren hat, sondern vielmehr, weil sie den Einsatz der Ratio auf den Informationsfluß beschränken will. Damit verhindert sie, daß uns die Ratio befähigt, über das zu sprechen, was uns jetzt, aus Anlaß der kleinen Erzählung von Noah und seiner Taube, zu innerer Umkehr bewegen kann. Sie suggeriert uns, daß wir *falsch gedacht* haben, während wir uns doch nur ganz einfach *falsch verhalten* haben.

Wenn uns die Rationalisierung geradezu nach Belieben verwirren kann, so deswegen, weil sie gleichzeitig natürlich unfähig bleibt, die üblichen Mittel – Kalkül, Instrumente, Modellbildung, kurz das Formatieren, die Informatisierung – konsequent einzusetzen. Wie der Glaube paßt sie sich wechselnden Referenzen an, ohne sich voll und ganz darauf einzulassen. Wenn ich mich ernsthaft daran begebe, die Arche Noah auszumessen, um in ihr alle Arten – vom Elefanten bis zur Milbe, vom Affenbrotbaum bis zu Butterblume – unterzubringen, gelange ich an eine

Dimension, die es allen damals lebenden Menschen zusammengenommen unmöglich gemacht hätte, auch nur die erste Schiffsrippe zu produzieren. Was tun, wenn wir an diesem Punkt angelangt sind? Auf dem Weg der Wahrheitssuche fortfahren? Aber dann wird dieser ganze Bericht derart absurd, daß er wie Tau zergeht. Noch gründlicher werden? Grabungsarbeiten auf dem Berg Ararat durchführen, wie die amerikanischen Kreationisten es versuchten, um endlich im Erdboden irgendeine Spur der Arche Noah zu entdecken? Aber selbst wenn man sie entdeckte, was ließe sich daraus folgern? Nichts weiter als die Existenz eines Stücks Holz aus der Karbonzeit auf einem Berggipfel. Na und? Was geht mich das an? Ich frage dich nicht, ob du mich vor soundsoviel Jahren geliebt hast, sondern ob du mich jetzt liebst. Ich bitte dich nicht, mich über einen riskanten, umstrittenen Vorgang zu fernen Orten und einer vergangenen Epoche zu führen, damit ich mich vorübergehend ein wenig besser in sie hineindenken kann, sondern mich heute von dieser tödlichen Distanz zu erlösen, in die die Krise uns gestürzt hat. Da die Rationalisierung ebensowenig in der Lage ist, einen wissenschaftlichen, ernsthaften und diskutierten Zugang zu fossilen Überresten herzustellen wie die ausgeblichenen Gebeine unserer gegenwärtigen Liebe in Bewegung zu versetzen, wird sie uns im Stich lassen, in Verwirrung wie Buridans Esel, und uns weder Erkenntnis verschaffen noch zu innerer Umkehr verhelfen können.

Das schlimmste wäre, der Versuchung nachzugeben und der Forderung nach Rationalisierung zu *entsprechen*. Man gibt ihr um so eher nach, als man glaubt, gut daran zu tun, insofern sie erlaubt, ein wenig Ordnung in diesen Wust überlieferter Geschichten bringen zu können. Indem wir diese Berichte ein wenig logischer machen, ein wenig rationaler, wobei dies jedoch weder die Arbeit der Information noch die Entwicklung der inneren Umkehr zu einem guten Ende bringt, wird man sie letztendlich noch undurchschaubarer machen und den Kramladen alter Wunderlichkeiten um neue Konfusionen erweitern. Die echten Ärgernisse – im Sinne von Denkanstößen – gehen in dem Maße, in dem sie rational gefaßt werden, in einer Flut von Unwahrscheinlichkeiten unter, die die Ärgernisse – jetzt im Sinne von Denkhürden, von Absturzgefahren – weiter vermehren.

So heißt es zum Beispiel: »Jesus ist auferstanden.« Wenn man diese Worte schon nicht mehr versteht, wie verführerisch ist es dann, sich vom gesunden, jawohl, vom gesunden Menschenverstand die Frage eingeben zu lassen: »Dann muß das Grab also leer gewesen sein?« Und schon macht man sich daran, eine Episode hinzuzufügen, die die Geschichte damit rationaler – ist doch ein *Anschlußstück* gefunden – und zugleich irrationaler macht, ist doch zu dem ersten

Unverständnis – was meint eigentlich »auferstanden«? – jetzt ein zweites hinzugekommen: die Episode des leeren Grabs. Und da wir nun vor einem doppelten Unverständnis stehen, souffliert uns der Dämon der rationalen Erklärung, uns durch einen dritten Vorschlag des urgesunden Menschenverstandes aus der Affäre zu ziehen – ein Reflex, auf den jede gute Hausfrau hätte kommen können: »Der Beweis ist das Leichentuch auf dem Boden des Grabes.« Und andere Geschichten werden folgen, andere Ausschmückungen, andere Erfindungen, fromme Lügen, aber doch Lügen, in denen das blutbefleckte Tuch auf tausenderlei Art in Szene gesetzt wird. Und dann, ganz wie Kinder, die anfangen, Flunkereien zu erzählen und, um nicht überführt zu werden, immer unwahrscheinlichere Ausflüchte erfinden, bemüht man sich, die vorangegangenen Erfindungen durch neue zu »beweisen«. Bis man dann plötzlich angesichts der bei den Vernunftgläubigen – denen man doch nach dem Mund geredet hatte – aufgekommenen Skepsis über all diese Bodenlosigkeiten auf halbem Wege von neuem den Tonfall wechselt und zugibt, es handele sich hier um Geheimnisse, die für das menschliche Verständnis zu tief seien. Überall da, wo man den Mechanismus der Sinnproduktion nicht mehr versteht, erlaubt man sich, mit bewunderswerter Großzügigkeit Wunder zu verbreiten. Dann wiederum, immer noch unschlüssig, verdrossen über all die

Ausschmückungen, geplagt von Gewissensbissen, so unbedenklich Wunder in die Welt gesetzt zu haben, schlägt man einen neuen Haken und schickt die Reliquien ins Laboratorium, läßt nach DNS-Spuren suchen, spickt den Schädel von Sehern mit Elektroden – Brosamen wissenschaftlicher Prozeduren, mit denen man anschließend ebenso rasch bricht wie mit den anderen, sobald man den Eindruck hat, daß sie auf den Wegen zur Information *zu weit* führen. Wenn der Dämon der Logik sich einmischt, wird das spezifische Register religiöser Rede unentzifferbar, und die Rationalisierung, eine verrückte Schwärmerin, hinterläßt nichts als ein Tohuwabohu, weil sie ebenso unfähig ist, ernsthafte wissenschaftliche Arbeit zu betreiben wie die Sache der Religion zu fördern. Der Teufel hat triumphiert: alles weitere Sprechen über diese Dinge ist ausgeschlossen.

Dank dem Rationalisieren haben wir die geoffenbarten Texte *apokryph* gemacht. Statt die Bruchstellen im Bericht zu nutzen, um den Sinn aufzufangen, verbergen sie ihn, machen ihn kryptisch: sie zerstreuen, begeistern, führen in die Irre. Die apokryphen Schriften anästhesieren wie Opium. Durch sie vernimmt man nicht mehr die transversale Geschichte, die allein uns ermöglichen kann zu erfassen, wovon jene altehrwürdigen Schriften sprachen. Die Aufmerksamkeit des Lesers entflieht zu den Altertümern: Der Tod triumphiert, da der Zeitpfeil sich wieder umgekehrt hat. Wegen des Anscheins von Logik, den man über diese Histörchen ausbreitete, können wir uns den ruhigen Fluß der Kausalität entlang treiben lassen, der uns von der Vergangenheit weg und der Zukunft entgegenführt, anstatt mit beständiger, stets zu erneuernder Anstrengung von der Gegenwart aus dem Ursprung entgegenzustreben. Statt mit hohem Aufwand die fürchterliche Aufgabe auf uns zu nehmen, die Botschaft zu wiederholen, auf daß sie denen, an die sie sich wendet, verständlich bleibe, begnügen wir uns damit, die Konsequenzen aus ihren Prämissen zu *deduzieren* und so den Leser einem Schauspiel beiwohnen zu lassen, das er von außen betrachtet und das nicht mehr zum Ziel hat, ihn zu transformieren: Ohnehin war von Anfang an alles im Keim vorhanden, der Lauf der Zeit realisierte bloß seine eherne *Notwendigkeit*. (Der Liebhaber kennt diesen Abgrund von Verlogenheit sehr wohl, dem er sich so oft lustvoll überließ, indem er so tat, als überhöre er die großmütige Aufforderung der Liebenden, und überall einen Vorwand suchte, ihren Appellen auszuweichen, um den Weg zu seiner Liebe nicht wiederaufnehmen zu müssen – wie ein Lachs, der sich faul der Strömung überläßt, statt gegen sie anzuschwimmen, um durch eine Reihe aller Schwerkraft spottender Sprünge den Laichplatz wiederzugewinnen, an dem er geboren wurde.)

Der Ausdruck »jungfräuliche Mutter« ist seit langem unverständlich geworden? Macht nichts, vermittels einer Reihe aufeinandergestapelter Rationalisierungen werden wir jetzt behaupten, daß »Maria, ohne Sünde geboren«, »seit aller Ewigkeit« existierte und daß sie »die Erbsünde der Kinder Evas« nicht kannte: Ein den Blicken der Menschen verborgener »göttlicher Plan« hatte von jeher die Sünde Adams vorhergesehen und die, die man die »Unbefleckte« nennt, vorrätig gehalten – ein spät entdecktes Versatzstück, das heftigen Rationalisierungskämpfen zwischen denen ein Ende bereiten sollte, die schon nicht mehr zu verstehen vermochten, wie ein »Gott« von einer einfachen Frau »geboren werden« konnte. Die gesamte biblische Geschichte wird wieder abgespielt wie der Ablauf einer Beweisführung, einer Montage, eines *logischen* Kompromisses. Gewiß, das Gebäude ist zerbrechlich, es beruht auf einer schwindelerregenden Anzahl von Hypothesen, die im Lauf der Zeit allesamt ad absurdum geführt wurden, und dennoch, nicht seine Irrationalität straft es Lügen, sondern seine *exzessive* Rationalität: All jene frommen Erfindungen ersetzen den gleichfalls schwindelerregenden Sprung des gegenwärtigen Ereignisses durch die schlichte Entfaltung einer Deduktion. Da schickt man sich an, von der »Ankunft des Herrn« zu reden, als spräche man vom Urknall und der »folgerichtig« eintretenden Mutation der Teilchen. Beim Sprung von einer Gegenwart zu einer anderen hat man sich die mühselige Übersetzung erspart, um sich dem Mechanismus einer Verkettung von Ursachen und Wirkungen zu überlassen. Man ist sogar so weit gegangen, die Vorsehung zu entstellen, um ein simples Voraussehen, eine elende Vorhersage daraus zu machen. Der Rationalisierung gelingt es, die religiöse Aussage auf den Kopf zu stellen. Alles ist einfach logisch geworden – natürlich ohne trotz aller Schliche der Apologetik einen einzigen ehrlichen und vernünftigen Geist zu überzeugen. Wenn man parallel dazu die Vorstellung von einem allmächtigen und allwissenden »Gott« unverändert beibehalten hat, der, aller Geschichte fernbleibend, absolut beständig und dauerhaft, Muster und Maßstab dessen bleibt, was wertvoll und gut ist – ja, dann ist nichts mehr zu machen, der Sinn jener Texte ist für immer dahin. Von nun an verstreicht die Zeit vergebens, vergebens tritt die Gegenwart ein, vergebens werden die Texte gelesen. Niemand ist mehr damit beauftragt, sie erneut aufzugreifen, sie aufzulesen; es gibt keine Theurgie mehr; das Volk der Nächsten ist auseinandergelaufen; es gibt also eigentlich keine Religion mehr. Ja, der Tod hat gesiegt. Nur der Teufel lacht sich ins Fäustchen.

Aber dann liegt die Lösung ja auf der Hand: Ebenso wie Bilderrestauratoren spätere Hinzufügungen, Firnis, Ausbesserungen, Korrekturen sukzessiver Restaurierungen entfernen, die eine Leinwand eingetrübt hatten, um ihr wieder den einstigen Farbenglanz zu verleihen, so müßte auch die Abschaffungen aller Rationalisierungen genügen, den ursprünglichen Sinn wiederzuerlangen. Wenn die reizenden Berichte von der Kindheit Jesu wie späte Zusätze klingen, die von den anonymen Verfassern des sogenannten Evangeliums »des heiligen Lukas« zusammengetragen wurden, um die ein wenig heikle Geschichte von der jungfräulichen Geburt griechischen Ohren weniger unlogisch erscheinen zu lassen, so tilge man doch diese Berichte! Wenn jene wundersame Geburt bei näherem Zusehen als Ergebnis einer Rationalisierung erscheint, die durch die vorangegangene Erfindung eines schwer verständlich gewordenen Ausdrucks, nämlich »Sohn Gottes«, notwendig wurde – nun, dann lasse man dieses Dogma eben fallen. Wenn man bei noch intensiveren Reinigungen entdeckt, daß dieser Ausdruck wiederum für ein jüdisches Ohr keinen Sinn hat und daß wahrscheinlich eine andere, *a posteriori* rationalisierte Formel dahintersteht, nämlich der Ausspruch des historischen Jesus »Das Reich Gottes ist nahe«, dann schabe man auch jene störende Formel weg. Wenn der Bericht vom leeren Grab als eine spätere Ausschmückung erscheint, die einen allzu harschen Bericht von der Auferstehung glätten sollte, so lasse man ihn doch fallen – und, wo wir gerade dabei sind, auch die Reliquien, das Schweißtuch und all die Gipsjungfrauen mit den milchspendenden Brüsten, mit den tränenden Wimpern, und all die bluttriefenden Holzkruzifixe, die unsere Heiligtümer überfüllen. Endlich her mit dem Sinn! Entrümpeln wir ihn von all den Rationalisierungen, die in der Absicht, mehr Klarheit, mehr Rationalität, mehr Duktilität, mehr Logik zu schaffen, nur falsche Probleme häuften und Artefakte vervielfachten, ohne doch deswegen konsequent Referenzprozeduren zu folgen. Da die meisten religiösen Mythologien nicht von irrationalen Erfindungen herrühren, sondern im Gegenteil von unpassenden Rationalisierungen, die der Konversion bloß im Wege stehen, indem sie sie von ihren Zielen ablenkt: laßt uns zu den einzigen Berichten zurückkehren, die ihre Leser zu retten vermögen.

Leider ist diese Lösung ebenso undurchführbar wie die der Reinigung. Ist der Weg zur »Entrationalisierung«, zur »Entmythologisierung« einmal beschritten, bleibt nichts mehr nach. Übrigens sollte das Beispiel der Gemälde uns nachdenklich machen (wenn es die manchmal allzu weitgehenden Museumsrestauratoren schon nicht umstimmt), denn mit der

Entfernung von Hinzufügungen, von Korrekturen, von Firnis, von sukzessiven Ausbesserungen läuft man Gefahr, daß am Ende nur eine bleiche Fläche übrig ist, die sich von der Originalleinwand ebenso radikal unterscheidet wie das pastose Dunkel, dem man abhelfen wollte. Jede Restaurierung ihres Sinns entfernt die Religion zeitlich noch weiter von uns, anstatt sie uns näherzubringen: Uns bleiben bloß ein paar mit Fußnoten überfrachtete aramäische Satzfetzen eines gewissen, möglicherweise aus Nazareth gebürtigen »Joshua«, die eine lange, für immer opak gewordene Geschichte von Eingriffen und Einschüben unverständlich gemacht hat. Man stiftet mehr Schaden als Nutzen. Um eine ausschmückende Rationalisierung zu vermeiden, verfielen wir auf eine zerstörerische Entrationalsierung. Um den vergilbenden Firnis zu beseitigen, entfernten wir die Pigmente, die dem Bild seine Tiefe gaben. Reinigung durch Leere. Meister Propper. Nichts mehr da. (Manche behaupten, daß von Leonardo da Vincis schon zu dessen Lebzeiten restauriertem *Abendmahl* bei gründlicher Reinigung keine Spur Pigment übrigbliebe – die Touristen hätten sich dann entgeistert mit der Kontemplation einer vollständig weißen Wand zu begnügen.)

Denn die Entrationalisierung reinigt zwar radikal, entspringt aber stets derselben, frommen Referenzabsicht, und statt uns das Begreifen dessen zu ermöglichen, was über unterschiedliche Zeiten hinweg Berichte transportiert, die immer wieder zu innerer Umkehr bewegen können, läßt sie uns im Schattenreich des Unbestimmten: weder in der Vergangenheit noch in der Gegenwart, weder im Authentischen noch im Artefakt. Wir können also absolut nicht wissen, wie wir die Botschaft durch eine Geschichte weitertragen können, zu der durchaus Lüge, Erfindung, Ausschmückung, Erweiterung, Montage, kurz Elaborate wesentlich gehören, ohne daß wir doch über ein Prinzip verfügen würden, das die heilbringende Erneuerung von logischem Blendwerk unterscheidbar machte. Wozu die Fassade der Botschaft erneuern, wenn wir nicht verstehen, wodurch sie zwangsläufig wieder beschädigt wird? Uns liegt nicht an der Sauberkeit des Resultats, sondern an der Triebfeder, dem *modus operandi*, der Mühsal, der Matrix, die stets Neues zu produzieren ermöglicht. Niemand kann sich verpflichten, die religiöse Botschaft nicht mehr zu deformieren, zu reformieren, da Deformieren, Reformieren *zur* Botschaft *gehören*, ja die einzigen Mittel sind, sie verstehbar zu machen. Das Prinzip dieses Deformierens, Reformierens, Elaborierens müssen wir erfassen, und dies allein, wenn wir über diese Dinge frei sprechen wollen.

Um Mißverständnisse zu vermeiden, meinte man, rationalisieren zu sollen: mit dem Ergebnis, die Mißverständnisse zu vervielfachen. Das Lösungsmittel der Entrationalisierung ist allzu ätzend. Wenn ich weiterkommen soll, müßte ich anstelle *fertiger* Berichte das Geheimnis der Maschine in Erfahrung bringen, die sie hergestellt hat und sie heute *de novo* erzeugen könnte. Man hat mir den Kopf vollgestopft mit dieser großen Streitsache echt gegen unecht, Original gegen Kopie, Antike gegen Talmi, als sollten wir alle uns für Restauratoren von Notre Dame de Paris halten, für kleine Viollet-le-Duc, die mitten im 19. Jahrhundert eine Kathedrale so umbauen sollen, daß sie endlich wirklich gotisch wird. Aber es geht ebensowenig darum, die Religion zu modernisieren, wie darum, ihr die ursprüngliche Reinheit zurückzugeben, denn es gibt ebensowenig moderne wie ursprüngliche Welten. Die Religion wird archaisch oder wieder zeitgenössisch, je nachdem, ob man sich von der Quelle entfernt oder sich ihr nähert – einer Quelle, die stets neue, den alten Berichten streng entsprechende (oder ihnen völlig fernstehende) Berichte produziert. Das Original steckt nicht in der Vergangenheit, sondern in der Gegenwart, immer in der Gegenwart, dem einzigen Gut, das wir haben.

Die Versuchung einer symbolischen Lesart

Es gibt den Vorschlag einer weniger drastischen Lösung. Diese Berichte sollen für unsere Ohren nur deswegen seltsam klingen, weil sie einen »anderen Sinn« haben, einen »verborgenen Sinn«, einen »symbolischen Sinn«, der seinerseits niemals altere. Diese Berichte, behauptet man, wollen *etwas anderes* besagen, das sie weder auf Rationales noch auf Irrationales festlegt. Folglich sei es unnütz, sie durch Entleerung zu reinigen. Der Vorschlag besteht diesmal nicht darin, sie mit großem Aufwand an Lösungsmitteln zu entrationalisieren, sondern eher darin, eine endgültige, endlich rationale Übersetzung vorzuschlagen.

Sehr gut, wunderbar, aber dann beschaffen Sie mir doch dieses andere, diese unter naivem Anschein verborgene Wahrheit! Ich ahne wohl, daß Ausdrücke wie »Arche Noah«, »Jesus ist auferstanden«, »Sohn Gottes«, »jungfräuliche Geburt«, »das Grab ist leer« nicht für sich selbst stehen, daß sie die Stelle von etwas anderem besetzen, *das nicht da ist*, aber dann führen Sie mich doch bitte dahin, daß sie bezeichnen statt mich zu belustigen, zu irritieren, zu verärgern mit Formeln und Bildern, die nicht mehr wahrhaftig sind. Sie kennen diese Orte nicht, sagen Sie? O nein! Sagen Sie mir bitte nicht, daß sie ihrerseits unzugänglich sind, daß es sich um allzu entlegene Geheimnisse handle, denn es geht um mich, jetzt, hier; wenn Sie mich erneut in die Ferne entführen wollen, vielen Dank! Da ziehe ich bei weitem die langsamen und soliden, gewundenen und gesicherten Transportmittel der Referenz vor. Zumindest weiß ich, daß ich mit ihnen überall hinkomme, ohne jemals an Schranken zu stoßen, über die nicht hinausgedacht werden darf. Sie werden mich nicht noch einmal und noch weiter in die Ferne ablenken, während es meine Seele nach Nähe, Ursprung, Gegenwart dürstet.

Ah ja? Man kann dahin gelangen? Sehr gut. Also zeigen Sie mir die Pläne und Karten, die Sie in Händen halten; geben Sie mir den Decodierer, der mir im Klartext zu sehen erlaubt, was in jenen bislang unentzifferbaren Botschaften verschlüsselt war. Wie? Sie wollen »Sohn Gottes« in »Ausdruck des Göttlichen« übersetzen? Dann ist mir die erste Formel doch lieber. Wenn Sie die Kühnheit besitzen, mir »ödipale Mutter« anstelle von »Maria, jungfräuliche Mutter« anzubieten, dann gehöre ich doch lieber dieser Kirche an als jener Sekte. Wenn Sie »indoeuropäische Mythen« erkennen, wo man mir von »Dreifaltigkeit« spricht, ohne daß ich ein Sterbenswörtchen verstehe; wenn Sie »ewige Weisheiten« vernehmen, wenn ich die »Bergpredigt« lese, ohne sie zu erfassen; wenn Sie mit »Jesus« »die höchste moralische Autorität der Menschheit« meinen, dann werde ich wohl auf Ihre symbolischen Bedeutungen verzichten und mich mit dem Buchstaben zufriedengeben, der mir präziser, erschütternder vorkommt als jener fade »Geist«, den er, Ihnen zufolge, bloß ungeschickt ausdrückt.

Warum ist die symbolische Lesart so verführerisch? Weil sie erlaubt, Buchstaben und Geist bequem nebeneinanderzustellen wie zwei Särge in einem Keller. Die ganze Schwierigkeit, religiöse Botschaften zu verstehen, kommt daher, daß sie gezwungen sind, den jeweils aktuellen Zustand ihrer Adressaten dadurch zu bestimmen, daß sie ihre Aussagen erneut derart ungestüm vorbringen, ihnen eine solche Wendung versetzen, daß sie für den gewöhnlichen Konsum von Information oder Kommunikation unbrauchbar werden. Eine Schwierigkeit, die natürlich nur noch wächst dadurch, daß sie in einem von den Bedingungen des Glückens der Aussage völlig abgelösten Buch niedergelegt sind – vor allem dann, wenn diese »göttlich inspirierten« Schriften als unwandelbar und heilig gelten. Aufgrund dieser Kluft, dieser *Untauglichkeit* vermitteln die religiösen Aussagen einen so tiefen Eindruck von Fremdheit, daß sie als ungeschickt, zusammengeflickt, mangelhaft, unvollendet wirken. Dabei hatten ihre Verfasser sich alle erdenkliche Mühe gegeben, daß ihre Hörer sich nicht von einer Logik der Information in die Ferne und in die Irre geführt fühlen mußten, sondern von einer Logik der Transformation ergriffen (doch, das ist durchaus eine Logik, eine Mechanik sogar, die Liebenden wissen das), die sie aufrichtet und einander näherbringt.

Wenn Sie sich aber, und sei es auch mit den besten Vorsätzen, daranmachen, diese Berichte stärker zu *glätten*, um sie kohärenter, verdaulicher, weniger widerspruchsvoll, weniger bizarr erscheinen zu lassen, werden Sie sie statt verständlicher nur ungeeigneter machen für die Aufforderung, deren Träger sie sind. Ihre Gesprächspartner werden tatsächlich glauben, sie hätten, wenn sie »Ausdruck des Göttlichen« vernehmen, nur eine Information aufzuschnappen, deren zutreffender und authentischer Charakter zu verifizieren bleibt, während der Ausdruck »Sohn Gottes« immerhin den Vorteil hatte, daß uns das Wort quer im Hals steckenblieb und wir es entweder ausspuken oder endlich verstehen mußten, worum es ging – jedenfalls nicht um »Göttlichkeit«. Die überlieferten ungeschickten, buchstäblichen Wendungen sind harsch genug, gespickt von soviel Ungeschliffenem, durchbohrt von soviel Hohlstellen, überlagert mit soviel Nebengeräuschen, durchzogen von soviel Unwahrscheinlichkeiten, daß die Reprise der Botschaft sich darin verhaken und sie in die geeignete Richtung drehen kann. Während jedoch die geleckten, logischen, verständlichen, zäpfchenförmigen symbolischen Ausdrücke, die sie ersetzen sollen, bloß mühelos durch Netzwerke rutschen können, die sie von ihrer adäquaten Verwendung noch weiter entfernen. Indem sie für den religiösen Gebrauch noch ungeeigneter werden, imitieren sie nur ungeschickt informative Aussagen, ohne doch deren Transportfähigkeit zu erreichen. Wenn wir dem Symbolismus nachgeben, verlieren wir einmal mehr auf beiden Ebenen zugleich: Je akzeptabler und moderner, verdaulicher und gutmütiger Sie die Religion machen, desto mehr verlieren Sie ihren besonderen Schwierigkeitsrang aus den Augen. Dem Symbolismus haben wir entgegenzuhalten: der Geist tötet, der Buchstabe allein macht lebendig.

Geben wir daher ruhig zu, daß die religiösen Wendungen durchaus *etwas anderes* bedeuten als was sie sagen. Daß sie ebenfalls durchaus einen Geist bezeichnen, der nicht im Buchstaben aufgeht, aber daß dieser Geist nichts zu tun hat mit einem Sinn, der sich hinter dem ersten versteckt. Er ist nämlich das, was buchstäblich in einem anderen *Sinn* kreist, in einer anderen Richtung, transversal *trotz* der Kontinuität des Berichts. Ja, es handelt sich um *Legenden*, aber nicht in der Bedeutung wundersamer Geschichten, sondern eher in dem jener Legenden am Fuß von Landkarten, die darüber orientieren, wie sie zu benutzen sind. Was macht die symbolische Lösung so fade? Dies, daß sie die versteckten Bedeutungen akkumuliert und quasi als Parallelreihen hintereinander aufmarschieren läßt, ohne jedoch die *Position* dieser Reihen zu ändern. Aber gerade dieser Positionswechsel und er allein ist für uns wichtig, wenn wir die Bewegung wiederfinden wollen, das allmähliche Kippen von der Longitudinalserie in die Transversalserie der Berichte. In der symbolischen Lösung findet sich der zweite Sinn *hinter* der buchstäblichen Formulierung, aber auf genau derselben Position wie der erste. Es würde auch nicht weiterhelfen, sich über eine Art Gnosis einen dritten versteckten Sinn vorzustellen, hinter den beiden anderen, aber immer noch parallel zu ihnen. Die religiöse Bewegung, die es wiederaufzunehmen gilt, steckt nicht wie ein zweiter Paravent hinter einem ersten, wie ein Gesicht hinter einem Schleier, wie ein Geheimnis hinter seinen Erscheinungsformen, wie eine Wahrheit hinter einer Lüge, wie ein Satz hinter einem Bilderrätsel. Dieses Aufeinanderstapeln sukzessiver Reihen, all diese wie Röcke übereinander getragenen Schleier zwingen den Blick in dieselbe Richtung: Sie bestätigen ihn im Willen, dem Fernen, dem immer Verborgeneren näherzurücken. Aber es geht nicht darum, den Blick in die Ferne zu richten; es geht auch nicht darum, den lügenhaften Schein zu durchdringen, um sich durch ihn der versteckten Wahrheit zu bemächtigen, sondern darum, den Blick wieder dem Nahen zuzuwenden, ja dem Nächsten, der Gegenwart, die immer noch darauf wartet, wieder aufgegriffen zu werden.

Der Geist befindet sich nicht *hinter* dem Buchstaben, *jenseits* von ihm, sondern *vor ihm und diesseits* wie der während des Weiterklingens der Melodie quer zu ihr geschlagene Takt. Was die religiösen Ausdrücke so schwer verständlich macht, ist nicht ihr verborgener Sinn, der sich oben auf einer Jakobsleiter befindet, deren Sprossen sich in den Wolken verlieren und die nur von wenigen Privilegierten zu erklimmen sind. Was den Sinn ungreifbar macht, ist dies, daß er so schlicht, so sichtbar, so nah ist, vor unseren Augen, von allen preisgegeben: Ein Kind könnte ihn auflesen – ein Kind hat ihn aufgelesen. Ja, diese veralteten Wörter bedeuten etwas; aber nein, die Sache ist nicht weit von uns entfernt. Nur ihre Nähe macht sie so schwer begreiflich. Solange sie sich fernhält, sind wir uns absolut sicher, daß es sich darum nicht handelt. Die Beziehung ist nicht die eines Modells zu seinem Prototyp, einer Fassade zu dem, was dahintersteckt, eines Satzes zu dem, was dieser Satz *bedeutet*; es ist die verquere, verdrehte, verstellte, verworfene, verschmutzte Beziehung einer Aussage *zu dem, der sie aussprechen will.* Hierin liegt die ganze, überaus einfache Schwierigkeit.

Nicht alles buchstäblich nehmen

Sie wollen doch nicht, daß wir beim Buchstaben stehenbleiben? Daß wir Buchstabengläubige werden, Fundamentalisten nach Art derer, die überzeugt bleiben, daß man die Bibel aufschlagen kann wie ein Kursbuch oder eine geologische Abhandlung, daß der Sinn jedes Satzes uns unmittelbar ins Auge springt, keiner Interpretation bedarf, ebenso klar, als hätte ich prosaisch gebeten: »Toinette, bringen Sie mir meine Pantoffeln?« Natürlich nicht, denn diese buchstäbliche Lösung liefe darauf hinaus, jedes religiöse Gefühl für immer aufzugeben und sich kein anderes sprachliches Register mehr vorzustellen als das der Doppelklick-Kommunikation. Die Kreationisten und andere Buchstabengläubige können sich nicht einmal mehr an eine Zeit erinnern, in der man redete, ohne etwas anderes bezeichnen zu wollen als den Zugang zu Fernem. Weit davon entfernt, von Irrationalität und Archaismus zu zeugen, bekundet ihre Besessenheit von Referenzen vielmehr, wie rational und modern sie sind, da es für sie keine andere Möglichkeit gibt, über die Wahrheit einer Aussage zu urteilen, als deren Fähigkeit, das Wahre *ganz wie* einen Wissenstransfer ohne irgendwelche Vermittlung zu kommunizieren. Zwischen der Aussage eines heiligen Textes – »die Bibel versichert, daß die Welt in sechs Tagen geschaffen wurde« – und dem Orakel der Zeitansage – »beim dritten Ton ist es genau 8 Uhr 7 Minuten 30 Sekunden« – machen sie allenfalls insofern einen Unterschied, als die erste Behauptung ihnen zuverlässiger und approbierter vorkommt als die zweite ... Wie ließen die biblischen Texte sich radikaler mißverstehen als durch ihre Verwechslung mit Schriften, die uns über den Zustand der Welt informieren? Wie könnte man die Himmelsboten tiefer verachten als durch ihre Umwandlung in Glasfasern, die es gerade einmal fertigbringen, zuverlässig Lichtwellen zu leiten? Wie ließe sich der Name »Gottes« stärker verfälschen als indem man seine Worte in Kilobytes mißt?

Doch! Man kann es noch toller treiben. Dazu genügt es, den Referenzbezug völlig fahrenzulassen, um die Religion zu *ästhetisieren*. Damit verzichten wir darauf, diese Texte, diese Klänge, diese Rituale etwas anderes besagen zu lassen, als was sie ausdrücken, ohne ihnen jedoch den Geist zu verleihen, der sie beseelt: Halten wir uns an den Buchstaben, verwandeln wir all diese gefährlichen Elaborate in mehr oder weniger geniale *Werke*. Schluß mit den symbolischen, buchstäblichen oder spiritualistischen Lesarten. »Ja, Sie haben recht, die Religion bedeutet heute nichts mehr. Aber wieviel Schönheit, wieviel Reichtum, wieviel Rührung, wieviel Tränen, wieviel Herzklopfen wird sie Ihnen verschaffen! Oh, diese Motetten, diese barocken Engel, diese Tympana, diese goldenen Meßgewänder, diese feierlichen Prozessionen, diese Kinderchöre, die in Weihrauchschwaden gehüllt von romanischen Gewölben widerklingen …« Das Heil durch die Kunst. Der Geist des Christentums.[8] Eine

8 Anspielung auf Chateaubriands *Le Génie du Christianisme* (1802). (A. d. Ü.)

scheinbar barmherzige Lösung, die drauf hinausläuft, es vollends umzubringen.

Zwar herrscht zwischen den Registern religiöser und künstlerischer Äußerung eine gewisse Ähnlichkeit: gegen die Kommunikation machen diese Äußerungen gemeinsam Front, da beide beschuldigt werden, nicht zuverlässig zu informieren; beide teilen dieselbe Notwendigkeit auszuschmücken, um der Wahrheit willen zu lügen; beide benötigen zu ihrem Verständnis die Beteiligung des von den Werken wie von den Engeln erschütterten Sprechers. Verständlich, daß diese Ähnlichkeiten genügen, sie im Einklang beben zu lassen; daß das religiöse Wort sich niemals vernehmen ließ, ohne alle Schönheiten nach sich zu ziehen, die es heraufbeschwören konnte; daß die Kunst niemals leuchtete, ohne daß Gottheiten lächelten. Dennoch gestattet nichts, beide miteinander zu verquicken. Weder rettet die Kunst noch läßt sie auferstehen, außer metaphorisch. Sie kann transformieren, aber nicht konvertieren. Denn die Richtung, in die sie zielt, ist der des religiösen Worts genau entgegengesetzt. Wenn die Kunst auch nicht mit den mühseligen Wegen der Information gemeinsame Sache macht, so entführt sie den allzusehr an sie gewöhnten Blick trotz allem hin zu Entferntem, Abgelegenem, Sonderbarem – obwohl sie, anders als die Arbeit der Referenz, niemals danach strebt, sich der Orte zu bemächtigen, die zu erreichen sie erlaubt.

Aufgrund dieses *Zugangs ohne Zugang* zu Fernem mag sie begeistern, faszinieren, verblüffen. Aber eben: die Kunst ist zu geheimnisvoll, zu geistig, zu jenseitig geprägt, zu rätselhaft, zu innovierend, auch zu pervers, um lange mit der Religion gemeinsame Sache machen zu können. Sie verwirrt, sie erfindet, sie zieht an; sie erweckt aber nicht das Volk derer, die die bislang verständnislos rezipierte Überlieferung nunmehr verstehen sollen. Der Kunst das Schicksal der heiligen Worte anvertrauen hätte nicht mehr Sinn, als sie den Vehikeln der Information anzuvertrauen. Die Religion muß den Ästheten ebenso enttäuschen wie den Gelehrten.

Sollte es möglich sein, daß ich mich jetzt, den falschen Beistand der Rationalisierung, der symbolischen Erklärung, der künstlerischen Befriedigung hinter mir lassend, endlich dem wahren Sinn jener durch so langen Gebrauch abgedroschenen Sätze nähere – oder vielmehr, daß sie sich mir nähern? Was diese Berichte, diese Rituale, diese Gesten wahrhaftig macht, liegt es dann also weder *in ihnen* und ihrem buchstäblichen Ausdruck, noch auch *hinter ihnen* in den Themen, die sie allegorisch darstellen, noch auch *in ihrer Folge*, in der Abfolge ihrer logischen Konsequenzen, sondern offenbart es sich schließlich in ihren Rissen und Schründen, ihren Entstellungen, ihren Narben, ihren Unähnlichkeiten, in allem, was sie für den normalen Konsum von Informationen unbrauchbar macht, ungeeignet für jede buchstäbliche Lesart, gefährlich für jede Form ästhetischer Verdauung, unverständlich für jeden »Kommunikationspartner«? Sollten diese Berichte über ihre explizite Botschaft hinaus eine Codierung einschließen, eine Chiffrierung, die sich nicht als zweite Botschaft hinter der ersten abzeichnet, sondern die Form einer Aufforderung hat, die sich vor einer Botschaft erhebt, um denjenigen zu *implizieren*, an den sie sich wendet? Nicht einen impliziten Sinn hinter dem expliziten, sondern einen *implizierenden* Sinn vor dem *komplizierenden*? Komme ich jetzt endlich ans Ziel? Sollte ich endlich fähig sein, wieder deutlich zu reden?

Die Mühsal der Re-präsentierung

Die Mönche des Dominikanerklosters San Marco in Florenz gaben bei Fra Angelico jenes Fresko in Auftrag, das die Episode mit dem leeren Grab darstellt. Ich verstehe mich genug auf die Kunstgeschichte, um zu sehen, daß eine solche Malerei den Bericht des Evangeliums »veranschaulicht«, und um die Codes des Programms ausmachen zu können, die für diese Epoche wie für diese Art von Frömmigkeit typisch sind. Ich habe genug exegetische Schriften gelesen, um zu wissen, daß diese Episode nur ein spätes Elaborat ist, daß sie zu den Rationalisierungen gehört, die die Botschaft verdunkeln, indem sie sie verdeutlichen wollen. Die Bedingungen des Nichtglückens haben dieses bewundernswerte Fresko für mich, den einfachen Touristen, der heute diese schmale Zelle betritt, so vollständig überlagert, daß ihr Sinn verloren ist. Mir bleibt nur noch, mich meines ästhetischen Vergnügens und jenes weniger lebhaften zu erfreuen, mit dem ich überprüfe, ob meine historischen Kenntnisse auf diesen spezifischen Fall »zutreffen«. Und doch, je länger ich mich in das Bild versenke, desto mehr Risse stellen sich nach und nach ein, desto mehr visuelle Sonderbarkeiten weist es auf: Die heiligen Frauen kommen am Grab an, sehen aber nichts, es ist leer; ein Engel sitzt da, weist mit einer Hand in das leere Grab und mit einem Finger der anderen auf die Erscheinung des auferstandenen Christus, der die Märtyrerpalme und das Heilsbanner trägt – aber diese Erscheinung können die Frauen nicht sehen, weil sie ihr den Rücken kehren. »Er ist nicht mehr hier«, sagt der Engel auf dem Spruchband. Wo ist er also? Worum geht es eigentlich bei dieser weltbekannten Illustration eines unendlich abgedroschenen Themas?

Ein betender Mönch, dessen Körper halb im Rahmen verschwindet, als teile er mit mir den Boden der Zelle und als habe man ihn auf das Fresko projiziert, schaut mit gesenktem Blick auf die gesamte Szene, ohne irgend etwas zu sehen. Der Maler muß ihn hier angebracht haben, damit seine Gestalt mir den Übergang erleichtere, indem er mich tiefer in diese seltsame Geschichte hineinzieht, in der keiner der Dargestellten *unmittelbar* sieht: weder die Frauen, noch der Engel, noch der Mönch – noch folglich ich selber. Und doch bin ich der einzige, der hinter allen die gemalte Erscheinung Christi sieht. Aber sie ist eben nur gemalt – ein feiner, fragiler Film von Pigmenten. Was sehe ich? Auch hier ereignet sich nichts, was es zu erfassen gäbe. Der Finger des Engels zeigt es mir: »Er ist nicht mehr hier, er ist nicht mehr in diesem toten Fresko, in dieser Zelle, die so kühl ist wie ein Grab.« Ich war ein wenig verloren: Es gab nichts zu sehen. Ich bin erlöst: Ich verstehe den Sinn der Episode. »Er war tot, er ist auferstanden«: Nicht dort in der Vergangenheit ist der Sinn zu suchen, sondern jetzt, für mich, hier.

Was stellt dieses Fresko eigentlich dar, was *repräsentiert* es? Dieses transitive Verb läßt zahlreiche Objektergänzungen zu: die Szene des leeren Grabes; die dominikanische Frömmigkeit; das Talent Fra Angelicos oder seiner Schüler; die Arbeit an der Konservierung und Präsentierung der historischen italienischen Kulturgüter. Aber was repräsentiert es noch? Eine in das Vorangegangene eingelassene Botschaft, die besagt: »Vorsicht, folgendermaßen ist das zu lesen. Habt acht. Es geht keineswegs um Darstellung.

Schaut nicht in diese Richtung. Er ist nicht mehr hier. Seht, wohin man ihn gelegt hat.« Dem legendären Bericht (im Sinn einer Erfindung) ist eine weitere Legende (im Sinn einer Gebrauchsanweisung) hinzugefügt. In das Thema ist etwas eingelassen, was mit ihm bricht, es kompliziert, verwandelt, verklärt, unähnlich macht, jedem gewöhnlichen Gebrauch, jedem ästhetischen, gelehrten, informierten, historischen Konsum entzieht. Durch eine Reihe winziger Erfindungen, kleinster Deplazierungen, visueller Nachhilfen, Malspuren reinterpretiert das Fresko den Text, der sich seinerseits aus anderen Erfindungen, Elaboraten, Unwahrscheinlichkeiten, Interpolationen, Seltsamkeiten zusammensetzt, die beide – den Text, der andere Berichte aufnimmt, und das Fresko, das ihn veranschaulicht – dazu befähigt, etwas ganz anderes zu bezeichnen, als sie explizit behaupten. An die Stelle der Longitudinalserie der Darstellung läßt meine Meditation nach und nach eine Transversalserie treten, die ebenfalls *repräsentiert.* Aber was? Was repräsentiert sie denn? Ja, buchstäblich ist es zu nehmen, genau so: Sie re-präsentiert, aber dieses Mal als intransitives Verb ohne Objektergänzung: Sie *macht wieder präsent*, und damit verwandelt sich die Geschichte, die mir auf den ersten Blick, beim Betreten der Zelle, zeitlich und räumlich unendlich entfernt schien. Wenn der Gegenstand des Freskos nicht hier ist, im Grab, und wenn er auch nicht entfernt ist, in der Vergangenheit, dann ist er präsent, von neuem hier, vor meinen Augen. Endlich sehe ich klar, und was ich sehe, ist nicht leer, sondern erfüllt.

Von der richtigen Nutzung der Legende

Wenn Liebende ihren unaussprechlichen G. ausmalen müßten, wären auch sie gezwungen, auf solche Legenden, Gebrauchsanweisungen, indirekte Äußerungen zurückzugreifen, um innerhalb ihrer Diskurse zu bezeichnen, wie sie verstanden werden sollen, um sich recht zu verstehen. Auch sie würden mit Dissonanzen und Diskrepanzen, mit Inkongruenzen und Verdrehungen nicht sparen, um spürbar zu machen, daß sie nicht von gewöhnlichen, zugänglichen, beherrschbaren Dingen sprechen, sondern daß sie – Vorsicht! – von Liebe zu sprechen beginnen, von gefährlichen, schwierigen, komplizierten Dingen, die die seltsame Eigenschaft haben, sie als solche augenblicklich präsent zu machen, sie einzubeziehen, sie zu befähigen, frei miteinander zu sprechen – und ihre Zungen lösten sich in dem Maße, in dem sie innerhalb weniger Stunden, weniger Minuten die Verlegenheitsfloskeln abstreiften und sich dem lebhaftesten Austausch annäherten. Auch sie würden sich zunächst nicht mit negativen Äußerungen zurückhalten: »Darum geht es nicht, das weißt du wohl; du versuchst immer, dich aus der Schlinge zu ziehen, dich zu entziehen; du tust alles, um nicht zu verstehen; hör mir zu, hör doch mal, was ich dir sage; schau mich an!« Auch sie würden den üblichen Formen Störaspekte, transversale Elemente hinzufügen, um den Blick herzulenken, um Aufmerksamkeit zu erzwingen, um sich gegenseitig dazu zu bringen, einander wieder wahrzunehmen. Ein Zittern der Stimme, Tränen, ein Zornesausbruch, ein Kuß vielleicht, irgendein Etwas, das die gewöhnliche Tonlage umpolt, aufreißt. Auch sie würden sich in dem Augenblick, in dem die Krise sich vorübergehend löst, einander nahe und gegenwärtig fühlen. Und doch würde in dieser ganzen Angelegenheit, in der es für sie um Leben und Tod geht, kein Atom Information transportiert. Sie würden nicht klüger, nicht weiser, nicht künstlerischer – abgesehen davon, daß die Erfahrung der Krise und ihrer Auflösung sie vielleicht lehrte, die nächste Zerreißprobe weniger hilflos, ein wenig gewandter anzugehen.

Wenn es aber zutrifft, daß selbst ein so abgedroschenes, ein so spätes Elaborat wie die Geschichte vom leeren Grab, Jahrhunderte später aufgegriffen von einem florentinischen Maler, für einen armseligen Touristen weitere fünfhundert Jahre später von neuem das darstellen kann, worum es geht, dann heißt dies, daß das Gewicht der Rationalisierungen nicht so fatal ist, wie es scheint. Inmitten der Darstellung des legendären Themas – »Ach, noch ein Fresko *über* das leere Grab«, »Ach, noch eine *Illustration* der Verkündigung« – taucht (nicht transparent, sondern wie verteilt über eine Reihe von Einschnitten, Brüchen, Inkongruenzen) eine andere Legende dessen auf, was für den informierten, gewohnheitsmäßigen Besucher von neuem das Thema bedeutet – für einen Besucher, der sich vorübergehend in einen Bekehrten verwandelt, den plötzlich die Gegenwart ruft. Hinter den Bedingungen des Mißglückens der Rationalisierung, die die Gegenwart von der Vergangenheit ableitet, indem sie das allgemeine Thema (leeres Grab) auf einen besonderen Fall (Fra Angelico in San Marco) anwendet, lassen sich, wie in das Bild eingewirkt, dank kleiner visueller Unwahrscheinlichkeiten quer eingeschoben, die Bedingungen des Glückens erkennen, die wieder frisch werden wie am ersten Tag – nicht frischer, denn Jahrhunderte sind seither verstrichen, und man kann also, aufsteigend von der Gegenwart zum Ursprung, endlich *realisieren*, was der alte Bericht einer sehr viel größeren Zahl von Gläubigen über weit ausgedehntere Zeiten hin bedeutete: »Er ist nicht hier, warum sucht ihr die Toten unter den Lebenden? Warum projiziert ihr euch durch diese Worte in die Ferne, wo es doch um Nähe und Gegenwart geht?« Wird das Gemälde im ersten Sinn als »Repräsentation« aufgefaßt, ist es transparent, dem alleinigen ästhetischen oder intellektuellen Vergnügen dargeboten; wird es im zweiten Sinn als »Re-präsentation« aufgefaßt, erscheint es wieder opak, verlangt die innere Umkehr. Es will nichts Fernes bedeuten; es bedeutet, daß jemand sich genähert hat.

Die wahrheitsgetreue Erfindung

Ist es somit möglich, der raffinierten Falle auszuweichen, in die der Dämon der Rationalisierung uns stolpern lassen wollte? Die Erfindung einer neuen Form muß nicht unbedingt gefährlich sein, sofern sie genügend *Hinweise* darüber einschließt, wie sie aufzufassen ist. In dem Augenblick, in dem ich die pikturalen Erfindungen Fra Angelicos verstehe, mit denen er die abgenutzte Episode vom leeren Grab wieder ergreifend zu machen sucht, verstehe ich auch, was für eine Energie, was für ein Glaube, was für eine Theurgie bewirken konnte, daß ein echter Jünger irgendwann im Verlauf des ersten Jahrhunderts den Bericht vom leeren Grab hinzufügte, mit dem er das ältere Korpus der Leidensgeschichte ausschmückte, um es wahrheitsgetreu zu kommentieren, jawohl: wahrheitsgetreu, nämlich durch eine so frappierende wie fromme Erfindung. Die *wahrheitsgetreue Erfindung*:

endlich nähere ich mich der Quelle, dem *modus operandi* aller Berichte.

Während bei meinem Eintritt in die Zelle zwischen dem Verfasser der Anekdote, Fra Angelico und mir noch eine erschreckende Distanz bestand, ist die Kluft jetzt einzig und allein angesichts der Gegenwart geschrumpft, die dreifach vertreten ist, und fähig, durch drei verschiedene Medien – den Bericht, das Fresko, meinen bescheidenen Text – dem Urteil der Gläubigen drei Erfindungen anzubieten. Diejenigen, die die Episode des leeren Grabs ausarbeiteten, schmückten natürlich aus, aber *sie logen nicht*, zumindest so lange nicht, wie sie ihrem ersten Elaborat die Gebrauchsanweisung einkodierten, die erlaubte, es recht aufzufassen und wohl zu verstehen. Nur wir Spätgeborenen, einzig wir machen unsere Ahnen *nachträglich* zu schlichten Lügnern (zu frommen Lügnern, aber doch zu Lügnern), wenn wir vergessen, uns ihrer Erfindung zu bedienen, indem wir es unterlassen, sie zu überliefern und unsererseits die rechte Legende, die passende Leseanleitung zu liefern, die sie ihren Berichten für uns mitgegeben hatten, um sie von vornherein wie mit einem Talisman vor jeder schlechten, jeder routinierten Lektüre zu schützen. Anders gesagt, jedes Elaborat trägt zugleich das Gift der logischen Verknüpfung und das Gegengift seiner Reprise in sich. Das Schicksal dieses Schatzes hängt jetzt, heute, von uns ab. Davon, ob wir ihn als schlichte Deduktion von Folgerungen auffassen – als historischen Bericht, der von der Vergangenheit zur Gegenwart führt – oder vielmehr von der Gegenwart zur Vergangenheit aufsteigen, indem wir uns auf das Rauhe, Ungefällige des Textes stützen – eines religiösen Textes, der nie etwas anderes wollte, als Fernes in Nahes umzuwandeln.

Der Rhythmus eines Synoptikers

Nähern wir uns beispielweise dem sogenannten Evangelium »des heiligen Markus«.[9] Versuchen wir nicht, diese Ansammlung ungeschickt aneinandergefügter Perikopen zu ästhetisieren, zu rationalisieren, zu reinigen, zu entmythologisieren! Fassen wir diese verstreuten Perlen nicht als Informationspartikel auf, die es in einen neueren Gewohnheiten des historischen Erzählens entsprechenden homogenen raumzeitlichen Rahmen einzubetten gälte, bemühen wir uns im Gegenteil, seine Leerstellen, Ungewißheiten, Brüche, Unwahrscheinlichkeiten zu erhalten! Vor allem kein Füllwerk! Lassen wir die zahllosen Nahtstellen, Narben, Zusätze, Einschübe, Unebenheiten

9 Hier durchgehend zitiert nach der Übersetzung von Martin Luther, *Die Bibel oder die ganze Heilige Schrift*, Stuttgart 1912. (A. d. Ü.)

stehen, fügen wir nichts hinzu, ziehen wir nichts davon ab! Nehmen wir eine Weile lang hin, daß wir keinerlei Information über was auch immer erhalten! Oder vielmehr: Achten wir, während der longitudinale Bericht Ereignisse von der Predigt Johannes des Täufers bis zur Himmelfahrt aneinanderreiht und unseren Blick in die Ferne, nach Palästina, ins Römische Reich lenkt, erneut auf die im Text verstreuten Gebrauchsanweisungen dafür, wie er recht aufzufassen, recht zu lesen, recht zu verstehen sei. Alsbald wird dieser Bericht, der als der rudimentärste unter den vieren gilt, von außerordentlicher, wundersamer Geschicklichkeit. In der Longitudinalreihe verstanden, erzählt er eine wunderbare Geschichte; in der Vertikalreihe vernommen, sagt er uns, *wie* jede Heilsgeschichte zu verstehen ist – um neue herzustellen. Beide Bewegungen, die kontinuierliche der Erzählung, die diskontinuierliche der Wiederholung weben Vers um Vers, wie aus Kettenfäden und Schußfäden, einen einzigen Stoff. Wie in einem doppelsinnigen Bild, dessen Zeilen den offenkundigen Sinn enthalten, während seine Spalten, der Reihe nach angeschlagen wie Orgeltasten, sich nach und nach füllen, um den erstaunten Augen des Lesers einen zweiten, dem longitudinalen Textfluß vertikal einbeschriebenen Sinn zu offenbaren.

Erste Spalte: *Anhaltspunkte*, die keine Bemühung um Wahrscheinlichkeit eingängig zu machen sucht:

(»Johannnes, der war in der Wüste ...«; »als es Abend ward ...«; »Er sprach zu ihnen«); zweite Spalte: *Brüche*. Lebensläufe nehmen plötzlich eine neue Wendung (»Folge mir nach! Und er verließ alles, stund auf und folgte ihm nach.«); Kranke werden geheilt; radikale Forderungen werden erhoben (»So dich aber deine Hand ärgert, so haue sie ab!«; »Wir haben alles verlassen und sind dir nachgefolget«); dritte Spalte: plötzliche *Reaktionen* auf diese schlagartigen Brüche; man ist ständig »entsetzt«, »bestürzt«; man ängstigt sich, stellt sich die Frage »Wer ist das denn?«. »Aus was für Macht tust du das?«. Vierte Spalte: *Unverständnis*, Mißgriffe, Ausgrenzungen. Ständig täuscht man sich über das, was geschieht (»Ist er nicht der Zimmermann, Marias Sohn?«, »Er ist Elia«, »Bist du der König der Juden?«). Alle erwischt es auf dem falschen Fuß: »Ihr habt Augen und sehet nicht«, keiner begreift, keiner versteht: Ein reicher junger Mann will dem Rabbi folgen, sehr bald verläßt ihn der Mut; die Apostel streiten miteinander, stellen sich Fragen, irren sich, wollen wissen, wer der größte unter ihnen sei; ständig irrend verzweifeln sie an ihrer Mittellosigkeit (»Woher nehmen wir Brot hier in der Wüste, daß wir sie sättigen?«); schlafen, wenn sie wachen sollen; bis hin zu der Menge, die, vor die Wahl zwischen Barabbas und Jesus gestellt, sich für Barabbas entscheidet; bis hin zur Tötung, der definitiven Verständnislosigkeit über das Geschehen.

Wahrhaftig, es ist nicht leicht zu verstehen, worum es geht. Daher die folgende Spalte: die der *Mahnungen* und Weisungen: »Vernehmet ihr noch nichts und seid noch nicht verständig? Habt ihr noch ein erstarret Herz in euch?«; »Entsetzet euch nicht«; »Wachet und betet«; »Es kommt einer nach mir, der ist stärker als ich.« Auf jede falsche Deutung folgt ein heftiger Verweis, der zwingt, die Aufmerksamkeit umzulenken (»Geh hinter mich, du Satan! denn du meinest nicht das göttlich, sondern das menschlich ist.«). Euch beschäftigt die Frage, ob der Sabbat einzuhalten ist? Die Frage ist falsch gestellt. Ihr wollt ein Zeichen? Ihr werdet keins erhalten. Ihr wollt mit Ehe und Scheidung herumspielen? Die Gatten sind ein Fleisch. Ihr glaubt, daß der Menschensohn nicht sterben kann? Er wird sterben. Wird man endlich begreifen? Ja, und zwar mit der sechsten, weniger umfangreichen Spalte: der der *Erkenntnisse* und Sättigungen. Einigen gelingt es endlich zu erkennen, worum es geht: dem Verfasser als erstem (»Evangelium von Jesu Christo«), dann dem Vater (»Du bist mein lieber Sohn«), den bösen Geistern (»Du bist Gottes Sohn«). Die Himmel reißen auf, die Körper verklären sich, man wacht unter Toten auf. Aber sobald dies erkannt ist, soll *Schweigen* eintreten: dies ist die Funktion der siebten Spalte. »Und er verbat ihnen hart, daß es niemand wissen sollte.« »Und sagten niemand nichts, denn sie fürchteten sich.« Achte und letzte Spalte:

die *Entsendungen*. Es geht nicht nur darum, den kontinuierliche, horizontal laufenden Faden des Berichts abzuschließen, sondern auch den transversalen, diskontinuierlichen der anderen Geschichte: »Und er ordnete die Zwölfe, daß sie bei ihm sein sollten, und daß er sie aussendete, um zu predigen.« »Gehet aber hin und sagt's seinen Jüngern und Petrus, daß er vor euch hingehen wird nach Galiläa; da werdet ihr ihn sehen.«

Was sagt dieser Text? In seiner kontinuierlichen Lesart bietet er eine Menge Anekdoten, Dinge, die geglaubt, erläutert, bestaunt werden können; in seiner diskontinuierlichen, transversalen Lesart nichts Besonderes, vor allem nichts Besonderes. Eine fundamentale, konstitutive Enttäuschung: man ist schokkiert, überrascht; man versteht nicht; man wird ermahnt, erneut achtzugeben; für kurze Augenblicke versteht man endlich, worum es geht, ist plötzlich befriedigt; alsbald verliert man wieder den Faden; man versucht es anderswo, und alles fängt von vorn an. Und es beginnt von neuem, das der unaufhörlichen Wiederholung derselben Heilsgeschichte implizit einbeschriebene alte Lied. Wie, Sie verstehen immer noch nicht? Dabei erklären doch die im Textkern enthaltenen Gleichnisse reflexiv, explizit, bewußt, wie der Text funktionieren muß, wie er aufzufassen ist. Das Gleichnis vom Sämann erteilt die Gebrauchsanweisung der Gebrauchsanweisung; wenn Ihr Herz nicht genügend vorbereitet ist, wird all dieser Samen fruchtlos vertrocknen.

Wie, Sie verstehen immer noch nicht? Dabei müßte die letzte Zeile, der Saum dieses Tuchs, dieses Bildes, uns für immer aufklären, für einen Augenblick: Sagt der Bericht von der Auferstehung nicht endlich im Klartext, daß es um das Leben geht und nicht um den Tod, um Gegenwart und nicht um Abwesenheit, um heute und nicht um einst? Er ist nicht nur das Ende der longitudinalen Geschichte, sondern auch die *Lektion* der transversalen, die Wiederholung, die Nacherzählung, die reflexive Interpretation der ganzen Angelegenheit. Der Bericht von der Auferstehung hat kein Informationsprivileg, als liefe der Text auf diese Apotheose hinaus; er hat eher ein Warnungsprivileg: auf diese Wiese ist der ganze Rest der Geschichte zu lesen, und vor allem: so ist er zu wiederholen, von nun an und in Zukunft. Es geht nicht um Tod, sondern um Leben. Ja, ist dieses Evangelium erst einmal wiederhergestellt, erweist es sich als sehr inspiriert, hat es sich doch selbst gegen jede bloß informationsheischende, kommunikationsorientierte, unterhaltsame, ästhetisierende, wundersüchtige Lektüre immunisiert; hat es doch jede referentielle Versuchung von innen heraus zerstört; hat es sich doch gepanzert dagegen, daß man andernorts, in der Vergangenheit zu finden sucht, was uns nun in blendender Klarheit vor Augen steht, was uns erwartet.

Schreckliche Verantwortung: entweder wir erliegen der Versuchung zur Logik und fügen jenen abgelagerten Schichten, deren Gewicht uns erdrückt, eine weitere Schicht an Rationalisierungen hinzu, oder wir nehmen endlich unsererseits den Rhythmus sämtlicher Legenden in der Weise wieder auf, die sie uns immer aufgegegeben haben: sie gut berichtend und gut vergegenwärtigend. Zwar lassen die Rationalisierungen sich nicht wegwischen, zwar kann kein noch so bemühtes Reinigen uns dem Authentischen näherbringen, aber es trifft auch zu, daß keines dieser sukzessiven Elaborate als Material zu verachten ist. Übrigens haben wir keine andere Wahl. Keine noch so gelehrte, gesäuberte, entrationalisierte, polierte, sterilisierte, disziplinierte Redeweise bringt uns auch nur einen Schritt weiter, da sein Auftrag, den es uns stets von neuem mit unglaublich intelligenten Erfindungen mitzuteilen bemühte, sich gerade in jenen Rissen, Schwächen, Dunkelheiten, Dissonanzen offenbart. Es gibt keine gute religiöse Rede. Wer würde zu behaupten wagen, er verfüge über die richtige, genaue, endgültige, orthodoxe Metasprache für diese Dinge? Gerade so gut könnte man dekretieren, Liebende hätten von nun an auf englisch über Liebe zu sprechen! Religiöse Rede ist unvermittelt nicht möglich. Es gibt nur *Infra*sprachen, die der uns vorangegangenen Generationen, denen wir unsererseits zu ihrer Wahrheit zu verhelfen haben, wie sie es mit ihren Vorläufern taten, indem sie sie von Kopf bis Fuß umstülpten mit einer Reihe von Elaboraten, die einzig der Teufel uns als schlichte Lügen erscheinen lassen kann. Dann gäbe es also keine Defizite mehr? Die Schuld wäre beglichen, die Hypothek getilgt? Der Unterschied zwischen Wahrheit und Lüge wäre so fein und so radikal wie der, den Liebende zwischen Nähe und Distanz verspüren? Alles in der Religion ist falsch, alles ist zu verwerfen; alles ist wahr, noch das letzte Komma, kein Jota darf geändert werden. Das hängt von uns ab, von Ihnen, von mir allein.

Rekapitulation

Demnach gibt also eine Form ursprünglichen Sprechens, die von Gegenwart, von endgültiger Gegenwart redet, von Vollendung, von Erfüllung der Zeiten, und die, da sie *in der Gegenwartsform* davon redet, sich immerzu verlagern muß, um das unvermeidliche Versinken jeden Augenblicks in die Vergangenheit zu kompensieren; eine Form der Rede, deren einziges Kennzeichen darin bestünde, daß sie diejenigen, an die sie sich wendet, als einander nahe und gerettet konstituiert; eine Art Vehikel, das vollständig von denen verschieden ist, die wir andernorts entwickelt haben, um Zugang zu Fernem zu erlangen, um uns der Informationen über die Welt zu bemächtigen.

Diese Form des Sprechens ist nicht an sich schwierig, sondern nur in dem Maße, in dem sie immer wieder neu ansetzen muß, um ihre Arbeit des Bezeichnens und Neuanhebens, des Wiederauferstehens und der Wiederaufrichtung ihrer Adressaten frisch zu beginnen.

Sie findet in der Sprache Liebender eine Art Vorform, ein verkleinertes Modell ihrer Bedingungen des Glückens.

Obschon sie keineswegs irrational ist, erscheint sie denen stets lügenhaft, die entweder Information ohne Umformung zu transportieren suchen – den Anhängern der Doppelklick-Information –, oder den Sinn jener Aussagen unberührt lassen und sie nicht für eine andere Zeit, für andere Menschen verändert wiederaufnehmen wollen.

Da diese Umformungen unvermeidlich sind, gibt es keine andere Möglichkeit, die eigene Bewegung zu begreifen, als die, sich seinerseits von dieser bald leichten, bald mühsamen Choreographie der Wiederaufnahme, der Abnutzung, der Neuübersetzung, des Sinnverlusts (und so fort) ergreifen zu lassen. Dieser Tanz stellt eine Prüfung dar, bei der Geschickte sich von Ungeschickten sondern lassen. Weh dem, den ein Hindernis straucheln läßt! Diese strenge Auswahl bedeutet nicht, daß es um erhabene, dem Pöbel untersagte Dinge gehe, sondern daß diese schlichteste Reprise vollendet durchzuführen ist, soll sie nicht falsch verstanden werden.

Um irgendwelche Hoffnung hegen zu können, dabei nicht aus dem Takt zu geraten, haben die sukzessiven Generationen stets darauf gehalten, ihre Diskurse, ihre Rituale, ihre Bilder mit hintergründigen Gebrauchsanweisungen zu versehen, die sie in die vordergründigen Anekdoten einstreuten, mit Aufforderungen, die ständig an das richtige Verstehen, an die rechte Art und Weise der wahrhaften Rede erinnerten. Aber im Lauf der Zeit sind diese Aufforderungen, diese Redeweisen stets mißverstanden worden, und daher müssen sie stets mit neuen Hinweisen wiederaufgenommen werden.

Sind all diese Redeweisen – die neuen wie die alten, die schlichtesten wie die elaboriertesten – erst einmal wiederaufgenommen, werden sie gleichermaßen der Wahrheit teilhaftig, als hätten sie immer nur dasselbe bezeichnet. Diejenigen, die sie von neuem klar vernehmen, werden einander wieder nah und gegenwärtig und bilden, ob in ihrer Berufung bestätigt oder neu berufen, ein und dasselbe Volk – ein Volk, das per definitionem nie mit irgendeiner sprachlichen, ethnischen oder kulturellen Grenze koinzidiert. In dem Augenblick jedoch, in dem sie den Sinn dieser Aussagen verlieren, zerstreuen die versammelten Sprecher sich erneut, einander so fremd wie die Söhne Babels.

Sobald sie den Sinn jener Äußerungen wiederfinden, werden sie wieder ein Volk bilden, jedesmal ein zeitlich und räumlich gewachsenes.

Aus den Augenblicken der Wiederaufnahme, des Glaubens und denen der Zerstreuung, des Unglaubens entstehen zwei für immer unauflöslich miteinander verwobene Geschichten, deren schließliche Bestimmung bis auf den heutigen Tag unentscheidbar ist. Oder vielmehr: die Entscheidung liegt nunmehr bei dem, der den vorliegenden Text in Händen hält.

Dieses sprachliche Register müßte – aber wie? – mit dem zu tun haben, was man kurzerhand Religion nennt, oder doch mindestens mit einer ihrer Überlieferungen, nämlich derjenigen, die nach und nach ausgehend von dem unendlich oft wiederaufgenommenen Kommentar der Rede, des Wortes, des Geistes erarbeitet wurde.

Redeweisen

Aber dann ist mir ja endlich die Sprache wiedergegeben! Ich werde den verlorengegangenen Geschmack an den Worten wiedergewinnen. Ich bin wieder frei, scham- und furchtlos, da ich statt vorgestanzter Aussagen über die Maschine verfüge, welche zu produzieren. Werde ich nicht endlich in der Lage sein, meinerseits ganz neue zu herzustellen? Werde ich nicht – statt bloß, wie bisher, die Bedingungen des Glückens in diesem so riskanten Register von Äußerungen *negativ* zu definieren – fähig sein, *positiv* heilbringende Worte zu produzieren? Leider liegen die Dinge nicht ganz so einfach, denn noch immer zögere ich, den unaussprechbaren Namen G. über die Lippen zu bringen. Gewiß, ich muß mich nicht mehr fragen, wie es möglich ist, Heilsberichte so zu übersetzen, daß sie treu und neu zugleich sind. Aber die Aufgabe, die mich erwartet, ist nur um so furchterregender: Mir ist jetzt aufgegeben zu verstehen, *wer diese Gattung von Wesen sind, die sich ändern, je nachdem, wie man sie anspricht.* Ich habe die Transformationsschicht rekonstruiert, die diese erschütterndenden Äußerungen durch Raum und Zeit transportiert, ich bin der Referenzfalle ausgewichen, bin den von der Doppelklick-Kommunikation geschaffenen falschen Probleme aus dem Weg gegangen, weiß aber immer noch nicht, was das für eine Form der Rede sein soll, die Wesen heraufbeschwört, deren Erscheinen und Verschwinden ganz von der Art und Weise abhängen, *wie man sie benennt.* Wie kann die Existenz wirklicher und hilfreicher Wesen in diesem Maße von dem Ansprechen, von einfachen *Redeweisen* abhängen? Was für eine Gattung von Existierenden ist das? Habe ich die Kraft jener Diskurse nicht unwiederbringlich vergeudet, indem ich sie wiederaufgreifen wollte?

Dann hätte ich den Namen G. vergebens ausgesprochen.

Dieses sprachliche Register – wir verstehen es jetzt – ist nicht kompliziert: es ist lediglich *fragil.* Ein Nichts, der leiseste Atemzug, der kleinste zeitliche Abstand, und es will nichts mehr besagen. Zwangsläufig, denn es sucht, denjenigen endgültig – vorläufig – zu retten, an den es sich durch Worte wendet, die bewirken, was sie sagen. Als man um das 16. Jahrhundert herum mächtige Instrumente zu entwickeln begann, die Informationen zu transportieren vermögen, ohne sie umzuformen, war es nicht sehr erstaunlich, daß das religiöse Vehikel vergleichsweise so langsam und so klapperig erschien, daß man es nur zur Seite zu schieben brauchte, um schneller und weiter voranzukommen. Was konnte jene antike Art und Weise, gegen den Strich und nachträglich Universalien so schwankender Natur festzuhalten, angesichts der Macht der Metrologie schon ausrichten? Daß die Religion die Ausbreitung der entstehenden Imperien imitieren wollte, um ihren Einfluß zu erhalten, und vorgab, auch sie spreche mit Autorität von Fernem, sie beherrsche Informationsflüsse, und dank einer strengen Kontrolle der Standards und Kanons dominiere sie aus der Distanz, machte alles nur noch schlimmer. Ihre Rolle schmolz auf die Verwaltung eines immer engeren Bereichs zusammen. Was sie retten sollte, wurde ihr unheilbar zum Verderben, unfähig wie sie jetzt war, sich wie bisher durch Transformation fortzubewegen. Um des Überlebens willen mußte sie in jedem Jahrhundert Ballast abwerfen. Es genügt sich anzusehen, wie die Kirchen sich zumindest in unseren Landstrichen nach und nach leerten. Als man merkte, daß das Kirchenschiff zu weit war, zog man sich auf die Kapelle zurück und überließ den Touristen die heiligen Stätten, die der Verwaltung historischer Baudenkmäler zufielen; dann fand man die Kapelle zu groß und flüchtete in die Krypta; als ihnen die Krypta zu weitläufig erschien, drängten sich die wenigen Verbliebenen in der Sakristei zusammmen. Und morgen? Man wird sich in einem Besenschrank verstecken und nicht mehr hinauswagen. Die Kongregationen schwimmen in den ihnen zu groß gewordenen Kirchenschiffen wie Zwerge in den Gewändern von Riesen. Und draußen hat man nichts mehr anzuziehen, man spaziert nackt herum. Die Religion in den Grenzen des bloßen Steißes.

Vielleicht – das ist eine Hypothese – verstand es der Geist der Zeit damals nicht, in zwei so unterschiedlichen Formen der Verbreitung gleichzeitig innovativ zu sein, und der altehrwürdige Mechanismus der religiösen Rede mußte vorübergehend beiseite gelassen werden, um die wissenschaftliche und imperiale Maschine entwickeln zu können. Sollten wir heute besser dastehen? Sind wir jetzt, da die Wissenschaften hinreichend Geschichte und Patina angesetzt haben, um uns nicht mehr zu blenden, fähig geworden, ihre subtilen Fortschritte zu meistern, ohne deswegen den Weg der Vergegenwärtigung verachten zu müssen? Wenn ich noch zu reden wage, so einzig und allein, weil ich denke, den Schatten beseitigen zu können, den die Macharten der Wissenschaften auf die Daseinsweisen der Religion warfen.

Und zunächst einmal auf jene Besonderheit dieses Redetypus, die darin besteht, ganz und gar *reflexiv* zu sein, sich darauf zu versteifen, uns zur Zeit oder Unzeit zu sagen, wie man zu reden hat, ohne uns jemals zu sagen, was – ein für allemal – zu verstehen sei. Unter wissenschaftlichem Aspekt handelt es sich um eine eklatante Schwäche; unter religiösem Aspekt um eine wesentliche Qualität. Hat man das Ausmaß, die Tiefe dieser Enttäuschung jemals ermessen? Alles redet vom Wort, aber dieses Wort sagt nichts. Es spricht nicht vom Nichts, nicht von der Leere, es wendet sich nicht an das Nichts – was ja immer noch hieße, uns, wie negativ auch immer, an Fernes zu wenden, zu referieren. Nein, es begnügt sich unermüdlich damit, von der Art und Weise zu reden, wie *recht* zu reden sei, die rechte Weise darzustellen, in der etwas darzustellen ist. Es redet über das Reden, gibt dem Wort das Wort. Selbst wenn man sich damit über es lustig zu machen glaubt: es verkündet wahrhaft »das *rechte* Wort«.

Das griechische Wort »Evangelion« wird stets mit

»frohe Botschaft« übersetzt, aber seit Bestehen der Welt hat noch keiner erklärt, *worin* diese berühmte Botschaft eigentlich besteht. Als Informationsübermittlung, in Kilobytes, als wissenschaftliche Nachricht ist das Ganze eine enorme Energieverschwendung, eine Vergeudung von geradezu kosmischen Dimensionen. Hunderttausende von Seiten, auf denen Millionen von Gläubigen während Jahrtausenden immer noch nicht sagen, *worum* es sich eigentlich handelt bei dieser Botschaft, die sie bis in ihr Innerstes erschüttert, für die sie bereit sind, ihr Hab und Gut im Stich zu lassen, und von der sie unter Freudenbekundungen versichern, sie habe sie bereits gerettet. Also, worauf wartet ihr noch? Wenn es eine Botschaft ist, ladet sie herunter! Wieviel Bytes hat die Religion? Nicht ein einziges. Nicht einmal ein einziges Null-Eins-Komplement. Weder Zugriff noch Information noch Botschaft. Sie bietet Besseres als Informationsübertragung: Sie transformiert Abwesende in Anwesende, Tote in Auferstandene.

Aber das ist doch unmöglich! Man kann ja nicht sämtliche religiösen Leidenschaften und Gründe, diese lange Reihe von Transformationen, Elaboraten, Inventionen auf jenen einzigen, lächerlichen Ausdruck »Redeweisen« zurückführen. Wie können Sie zu behaupten wagen, daß sich hinter jedem dieser Worte, deren Sinn uns heute verlorengegangen ist – »Gott«, »Wort«, »Geist«, »Auferstanden«, »Kirche« –, schlicht und einfach Redemodalitäten verbergen, reflexive, hintersinnige Anweisungen, wie gut zu reden, wie das Wort recht zu führen sei? Gerade so gut könnte man ja versuchen, eine Pyramide auf der Spitze balancieren zu lassen. Welche Verirrung könnte die Macht des Religiösen dahin bringen, sich in einem derart spitzfindigen Diskurs zu äußern? Als könne man mit der Sentenz beginnen: »Im Anfang war das Wort!« Sie spielen mit Worten. Sie fügen dem langwährenden Priesterbetrug einen Intellektuellenbetrug hinzu. Und dennoch: genau so hebt das sogenannte »Johannes«-Evangelium an, das auch nicht den Inhalt des Worts erklärt, sondern nur die Art und Weise, es zu empfangen. Mit diesen schwachen Worten – schwach im Vergleich mit den mächtigen Informationsübertragungen – müssen wir uns vertraut machen. Ich habe keinen anderen Weg, wenn ich mir wieder angewöhnen will, furchtlos von diesen Dingen zu reden.

Die geschickte Metaphysik Liebender

Wenn in der Liebeskrise die Welt aus den Fugen gerät und die Liebenden sich unendlich weit voneinander entfernt fühlen, können sie eben nicht mehr auf die *Substanz* ihrer Liebe zählen. Vergebens wundern sie sich: »Aber wir haben uns doch so sehr und so lange geliebt? Unsere Liebe wird uns auch aus dieser Patsche ziehen, sie wird stärker sein« – sie spüren überdeutlich, daß dieser kleine »Gott« nichts für sie vermag, daß kein Trägheitsgesetz sie auch nur einen Tag länger zusammenhalten wird. Aber später, wenn sie mitten in der Krise jene enge Pforte gefunden haben, durch die sie plötzlich wieder zueinanderfanden, wenn sie sich weinend in den Armen liegen und ihrer überstandenen Torheit spotten, freuen sie sich, daß *gleichzeitig* mit ihrer Liebe ihre Beredsamkeit stark und machtvoll zurückgekehrt ist. Und in diesem Augenblick, ja, da können sie auf diese Liebe zählen, die sie zu erneuern wußten. Als ihre Liebe eine Substanz war, von der die Liebenden Folgen erwarteten ähnlich wie man einen Scheck auf ein Girokonto ausstellt, da konnte sie nichts für die tun, die da abgewandt, stumm, kopfhängerisch, bockig herumstanden und warteten, daß es weitergeht: nichts lief mehr zwischen ihnen. Wenn sie sich wieder ansehen, wieder miteinander sprechen und wenn wieder etwas zwischen ihnen *geschieht*, wenn sie wieder beieinander sind, dann hat ihre Liebe über ihnen, zwischen ihnen ihre köstliche Frische wiedergefunden, ihre Wirkung, ihre Kraft; sie können sich erneut für immer auf sie stützen, dessen sind sie sich absolut (relativ) sicher.

Wollten Liebende die spezifische Metaphysik ihrer Liebe kennzeichnen, dann würden sie sagen, daß sie sich ihnen auf zweierlei Art darstellt: einmal *substantiell*, aber dann ist sie machtlos, ohne Beharrungsvermögen; und einmal *wirksam*, aber erst dann, wenn sie sich einander angenähert, endlich *richtig ausgesprochen* haben. Entweder ist ihre Liebe eine Substanz, deren Attribute nutzlos sind; oder die Liebenden sind imstande, die Attribute lebendig werden zu lassen, und dann freilich *unter-liegt* die Liebe – wie schon das Wort »Sub-stanz« andeutet – allen Bekundungen ihrer Zärtlichkeit und Zuneigung. Während dieser Gnadenzeit, die für die Liebenden eben begonnen hat, käme es ihnen niemals in den Sinn zu vergessen, wieviel diese wiedergewonnene Liebe den fragilen Sprechbedingungen verdankt, deren doch so kindlich einfaches Geheimnis zu erfassen ihnen soviel Mühe machte. Allerdings, würden sie sich erneut voneinander entfernen, dann würde nichts von dieser entschwundenen Liebe sie mehr aus der Hölle retten, in die sie sich fallen ließen. Eine solche Umkehrung der Rollen von Attributen und Substanz scheint gräßlich schwierig, und doch praktizieren wir diese gymnastische Übung in kontrastiver Ontologie jeden Morgen.

Ist es uns heute noch möglich, diese private und fragile Übung Liebender zu nutzen, um den Ausdruck »Redeweisen« zu verstehen und *seine Abhängigkeit von den Redebedingungen und seine substantielle Realiät zugleich* zu berücksichtigen? So habe ich meine Ausgangsfrage umformuliert: Kann man von neuem von jenen Dingen reden? Ist es möglich, an dieser winzigen Flamme der persönlichen Liebe das Feuer der Religion wieder zu entzünden? (Ist es im übrigen überhaupt wünschenswert, wenn man bedenkt, wieviel Verheerungen jene Brände angerichtet haben, wieviel Fanatismen, wieviel Scheiterhaufen, wieviel Ketzerverbrennungen sich an ihnen entzündeten?)

Ich weiß wohl, es gibt keine Form gemeinschaftlichen Lebens mehr, kein allgemein akzeptiertes Sprachspiel, das ermöglichen würde, die Liebeserfahrung hinreichend zu erweitern, um nicht mehr von dem Mikrovolk der Verliebten zu sprechen, die immer »allein auf der Welt« sind, sondern von der virtuellen großen Nation derer, die endlich realisieren, was ihre Vorläufer meinten, als sie die Heiligen Schriften lasen, als sie sie verfaßten. Der Weg, den einst die Mengen der Gläubigen nahmen, ist ebenso unsichtbar geworden wie jene Feldwege, die derart von Dornenhecken überwuchert sind, daß man Grundbuchblätter studieren muß, um ihren Verlauf festzustellen. Wir müssen neue Schneisen schlagen, und wenn möglich in den Städten. Sind wir dazu noch fähig?

Ich habe schon zuviel gesagt, habe schon zuviel riskiert, ich muß jetzt durchhalten. Habe ich mich verständlich ausgedrückt? War ich deutlich genug? Wahrscheinlich habe ich alle Sünden begangen, den engen Kreis der sukzessiven Häresien abgeschritten;

gewiß habe ich die Menschen drinnen wie die draußen schockiert, verletzt, verärgert; ich verdiene, daß man mir einen Mühlstein um den Hals hängt und das Ganze im Teich versenkt. Ja, vielleicht, aber wenigstens habe ich die Übersetzungsrückstände um keinen einzigen Tag verlängert. Mögen diejenigen, die das auch von sich behaupten können, den ersten Stein auf mich werfen.

Den Namen des Geistes wieder aussprechen …

Um von diesem Wort zu sprechen, habe ich keine andere Möglichkeit als die, durch Jahrtausende voneinander getrennte Wörter zusammenzubringen und sich erneut aneinander reiben zu lassen, auf daß ihnen ein Funke entspringt. Das ist zugleich hoffnungslos – die Distanz ist zu weit – und sehr leicht: Sie reden von derselben Sache, von der Gegenwart, von der Vergegenwärtigung. Wenn ich beispielsweise wagte, vom »Wirken des Heiligen Geistes« zu reden wie die Liebenden von ihrer Liebe, wenn ich ihm dieselbe substantielle Realität in derselben Abhängigkeit vom Wort zuspräche, fänden wir diesen Ausdruck dann auch noch rätselhaft? Wenn ich sage: »Der Geist wird das Angesicht der Erde erneuern«, beginne ich zwar, eine Substanz, ein Substantiv zu suchen, das als Attribut, als Eigenschaft das Erneuern hat. Damit entferne ich mich. Ich blicke nach oben, ich verliere mich in den Wolken. Wenn ich aber sage: »Die *Erneuerung des Worts* kann für eine gegebene Zeit und ein gegebenes Volk ›Geist‹ und sogar ›Heiliger Geist‹ heißen«, nähere ich mich damit nicht ein ganz klein wenig? Schaffe ich es da nicht, für ein anderes Volk, das unsere, für eine andere Zeit, die meine, die Entwicklung präziser zu erfassen, um die es geht? In dem Substantiv »Geist« steckt nicht mehr als in dem Verb »erneuern«. In der ersten Formel setzte ich die Substanz vor die Attribute, das Wesen vor das Dasein, den Namen vor die Sache, ich zäumte das Pferd vom Schwanz auf; in der zweiten beginne ich mit der Aussage und *ende* mit der Substanz: Ich gehe von dem Dasein aus, von seiner heiklen Abhängigkeit vom rechten Wort, und *rekapituliere* es anschließend bis zum Wesen. Ich mache die Sache existent und benenne sie erst anschließend. Jedermann wird mir recht geben: wenn es mir gelingt, die wirkliche Gegenwart der Sache herbeizuführen, ist der exakte Name weniger wichtig, denn es lassen sich, wie an Pfingsten, je nach Zeiten, Völkern und Orten *viele andere Namen* dafür finden. Behaupten, der »Heilige Geist« sei bloß eine »Redeweise«, heißt daher nicht zwangsläufig, sich von seiner Wirklichkeit entfernen, um ein bloßes Wortspiel daraus zu machen, es heißt auch, von der wirkungslosen, fernen Substanz abzulassen, um endlich wieder zu tun, was die Sache selbst sagt: »Er hat das Angesicht der Erde erneuert.« Im einen Fall deute ich eine Referenz an, im andern Fall suche ich stammelnd eine Formel im *Partizip der Gegenwart*: »erneuernd«. Sollen wir uns darauf verständigen, gegenwärtig an besagter Sache zu partizipieren, oder lieber den Namen eines Substantivs unangetastet lassen, das nichts für uns vermag und das nicht mehr verstanden werden kann?

… der den Namen des Sohnes wieder ausspricht …

Was aber »erneuernd«? Was ermöglicht die Wiederaufnahme eigentlich wiederaufzunehmen? Welches ist das vorletzte ihm vorausgegangene Glied? Von welcher Redeweise ermöglicht sie, recht zu sprechen? Wir wissen wohl, wir haben es durchaus verstanden, es gibt keinen Zweifel mehr darüber: Wir dürfen auf keine Übermittlung einer Botschaft hoffen, auf keinen Referenztransfer, kein Byte Information wird uns gegeben, kein einziges Zeichen. Die Realität, um die es geht, werden wir nur erfassen, wenn wir die rechte Art und Weise, jene Worte auszusprechen, besitzen werden, wenn wir sie empfangen werden. Diese Verbindung zwischen dem Aussprechen und der materiellen Wahrheit ist weder ein Paradox noch ein Geheimnis, sondern die Bedingung des Glückens, die wir nunmehr erkannt haben – etwas, das alle Liebenden beherrschen, ohne es lange zu problematisieren. Dieses »Erneuernde«, von manchen »Geist« genannt, hat ein früheres Wort verjüngt, das ohne diese Wiederaufnahme unseren Ohren seit langem unverständlich geworden wäre. Welches Wort? Ein anderes Partizip der Gegenwart, das in manchen Kreisen zu manchen Zeiten »Jesus« heißt. Kein Zweifel, ohne den Geist der Erneuerung hat dieser Ausdruck für uns keinen Sinn mehr, sofern wir nicht auf Informationssuche umschwenken und in Gesellschaft von Archäologen und Historikern auf die Suche nach dem gehen wollen, was sich möglicherweise vor sehr langer Zeit erst in Galiläa, dann in Jerusalem zugetragen haben mag. Aber dieser Übergang zum »historischen Jesus«, der seinen Nutzen, seine Größe, seine spezifischen Ansprüche, seine Redlichkeit, seine Ernsthaftigkeit hat, ist nicht zu verwechseln mit dem Nutzen, der Größe, dem Anspruch, der Redlichkeit, der Ernsthaftigkeit des Übergangs, der uns jetzt beschäftigt – jetzt, und nicht gestern. In beiden Fällen handelt es sich um Beweise, um Wirklichkeit, ja um Objektivität, aber der erste Fall ist unendlich weit entfernt und über Referenzprozeduren zu meistern, während der zweite zum

Greifen nahe ist, und er meistert uns, indem er uns einander nahebringt und gegenwärtig macht. Allerdings müssen wir noch lernen, uns von ihm ergreifen zu lassen.

Einmal an diesem Punkt angekommen, würde es uns in keiner Weise helfen, unser weiteres Vorgehen unter dem Vorwand auszusetzen, daß wir doch nur auf ein unergründliches Geheimnis stoßen werden; und es würde auch nicht weiterhelfen uns einzubilden, den stummen Ausdruck über irgendeinen summarischen Vergleich durch eine andere, rationalere, wahrscheinlichere oder verfeinertere Symbolik zu ersetzen. Ich habe jeden dieser Wege erkundet: Ich habe sie beide definitiv ausweglos gefunden. Ebenso unnütz, sich aus Verzweiflung in den bodenlosen Brunnen des Glaubens zu werfen. Wir haben keinen anderen Weg, keine andere Wahrheit, kein anderes Leben als dieses Verfahren, das, ausgehend von der Gegenwart die Redeweisen, die rechten Worte und die frohen Botschaften miteinander verknüpft, indem wir sie für jeden Ort, jedes Volk, jede Zeit aufs neue klar und deutlich machen. Der Ausdruck »Jesus« hat an sich keinen Sinn: er steht für die Entwicklung der gesamten Übersetzungskette, ist koextensiv mit allen Konvertierungen, Sinnverwirklichungen. Seine substantielle Wirklichkeit, seine Körperlichkeit hält nur so lange vor, wie alle diese Attribute zutage treten und miteinander verkettet werden. Zunächst die

Bekundungen, anschließend »das, was« sich bekundet. Oder vielmehr: »das, was« ist, ist nur die Art und Weise, retrospektiv zusammenzufassen, alle Wieder-vergegenwärtigungen zusammenzuhalten, die Verkettung all dieser sukzessiven Entwicklungen, der unendlich dünne Faden, ohne den alle diese Perlen sich zerstreuen würden. Ohne die fortgesetzten Übertragungen hat das Substantiv »Jesus« keinen Sinn.

… der den Namen des Vaters wieder ausspricht

Daß es sich nicht um ein Ding unter anderen zugänglichen und beherrschbaren Dingen handelt, sondern um ein weiteres Erneuern, sagt uns »Jesus« zutreffend und präzis dadurch, daß er auch das »Wort« genannt wird. Was sagt dieses wieder begonnene, neu ausgesprochene Wort seinerseits? Nichts, was mit Information zu tun hätte. Nichts, was den Blick auf den Zugang zu Fernem lenkte, nichts, was erlaubte, zu den Wolken aufzusteigen, in eine andere Welt zu gelangen. Von neuem verkündet er das rechte Wort. Ebenso wie der Geist auf andere Weise anderen Ohren wieder sagte, was das Wort den Seinen sagte, sagt dieses seinerseits wiederum, was für andere Ohren verloren wäre: »Die Zeiten haben sich erfüllt«; »Das

Reich Gottes ist nahe«. Zwei ineinandergeschobene Redeweisen ermöglichen es, mit Verblüffung eine *dritte* zu vernehmen, die damit erstmals ihren ganzen Sinn gewinnt. Handelt es sich um eine Information, eine Substanz? Auch das nicht. Es handelt sich immer noch nicht darum, uns über mehrere Treppen zu einer fernen Wirklichkeit zu geleiten, sondern uns einer Wirklichkeit anzunähern, die durch das Aussprechen dieses Worts immer gegenwärtiger, durch die Erneuerung des Geistes unseren Ohren verständlicher geworden ist. Wie hieß er, der gegenwärtig gewordene Namenlose, der endlich geoffenbarte Unaussprechliche? Erneut, explizit, buchstäblich, fromm, zuverlässig, bescheiden sagt sein Name, worum es geht: »Der, der ist, war und sein wird.« Anders gesagt, *immer anders gesagt*: der, der von neuem, definitiv auftaucht und gegenwärtig ist. Nicht unaussprechlich durch Ferne, sondern durch Nähe. Zu nahe, zu intensiv, um von Angesicht zu Angesicht geschaut zu werden.

Es ist schwierig, präziser zu sein und die Wirkung dieser Redeweise, die man religiös nennt – zumindest in der Überlieferung, deren Erbe ich mich ohne Scham nennen können möchte –, zutreffender zu fassen. Keine Substanz, kein Zugang, keine Bemächtigung. Worte, die bewirken, was sie sagen, und die man aus diesem Grund sakramental nennt. Eine Gegenwart, die man in jedem Augenblick zu verlieren droht, die von neuem durch das Wort gesagt werden muß, das durch den Geist wieder gesagt werden muß, der durch uns wieder gesagt werden muß – ja, sogar durch mich, hier, jetzt, sonst wäre seine Bedeutung alsbald verloren. Die gesamte Schicht, die ganze Kette, die ganze Prozession ist zu entfalten, damit jedes dieser Elemente einen Sinn gewinnt. Wenn »Gott« genügte, wozu hätten dann »Jesus« und seine Predigt gedient? Wenn diese Predigt genügte, wozu bräuchten wir den »Geist«? Wenn der »Geist« genügte, wozu dann die Kirche und ihre gründliche Unterscheidungstätigkeit? Wenn die »Kirche« genügte, wozu dann ich, hier, heute, mit meinen armseligen Worten? Und wenn ich genügte, was solltest du, Leser, hier ausrichten? Und all dies ist in umgekehrter Reihenfolge wieder in Gang zu setzen, von der Gegenwart in Richtung Vergangenheit: Du mußt endlich beginnen zu verstehen, was ich wieder sage und was nichts anderes ist als die getreue Wiederholung der inspirierten Deutung, die die Kirche den heiligen Worten angedeihen läßt, mit deren Hilfe wir zu verstehen vermögen, was der »Menschensohn« sagte, als er den Sinn der altehrwürdigen Formulierungen zur erschütternden Gegenwart dessen erneuerte, was sein Volk damals »Gott« nannte. Nichts weniger Geheimnisvolles, nichts weniger Spektakuläres, nichts weniger Unverständliches als diese große Angelegenheit der sogenannten »Dreifaltigkeit«. Sie wird nur dann unentwirrbar, wenn man Substanzen zu ordnen versucht, deren Sinn verlorenging; dann allerdings kann man sich in den Hypostasen verheddern. Es handelt sich nicht um ein Mysterium im Sinn einer dunklen, dem gewöhnlichen Sterblichen verborgenen Botschaft, sondern auch in diesem Fall um eine geheimnisvolle *Verkettung*, einen subtilen Übergang, eine ganz einfache Technik, die einem Wort innewohnende Wirklichkeit aus ihrer Verkapselung zu lösen – einem Wort, von dem nur die Umstände seines Wirkens recht zu reden erlauben. Ja, einem rechten Wort.

Seinen Realismus wählen

Wie? Nichts weiter? Genügt das wirklich, um wieder von diesen Dingen zu reden? Wie sollen wir es denn wahrhaftig sagen, ohne religiöse und irreligiöse Menschen gleichzeitig zu schockieren: »G. ist nur eine Redeweise; Jesus nur das Wort G.s; der Geist nur eine Art und Weise, es wieder zu sagen?« Grenzen diese Äußerungen nicht an Blasphemie? Habe ich den Dingen, von denen wir sprechen, nicht zuviel Materialität, zuviel Objektivität, zuviel Substanz entzogen? Kaum habe ich die Sprache wiedererlangt, laufe ich von neuem Gefahr, sie zu verlieren. Das Gespann, das die Forderung nach Wirklichkeit mit der Abhängigkeit von den Sprechweisen verbindet und beide voranbringen soll, ist gar zu launisch. Wie sollte man angesichts der Schwierigkeit dieser Übung nicht das Schlimmste befürchten? Beim geringsten Zaudern des Kutschers geraten die Tiere auseinander: die Wirklichkeit zieht ihren Weg, das Wort den seinen. Erstere wird zu schwerfällig, zu materiell, zu objektiv: sie verlangt zuviel Beweise; letztere zu redselig, zu intellektuell, zu schwächlich: sie verlangt zuviel Reflexion, zuviel Reflexivität. Und doch, ich weiß wohl, an Beweisen fehlt es in den Texten nicht: Sie sprechen von nichts als vom Wort. Aber wir gelangen nicht mehr zum Verständnis dieser Formel, denn aus diesem *logos* selbst haben wir eine Substanz mit der sonderbaren Eigenschaft gemacht, außerdem »mit Sprache begabt« zu sein. Ist die respektive Rolle von Wesen und Attributen einmal umgestülpt, dann bewahrt das Wort *logos* nicht mehr fromm den Sinn von »was uns wohl reden läßt« – und was anschließend substantiviert werden kann *oder auch nicht.* Wie sollen wir wieder objektiv und realistisch werden und doch nur auf die Redeweise achten? Die einen wollen »den Schatz des Glaubens bewahren«, indem sie sich an einen »substantiellen Gott« klammern, um zu vermeiden, daß alles sich in Rauch auflöst; die anderen wollen aus der lebendigen Beziehung den einzigen Felsen machen, auf dem sie die Religion errichten, indem sie jenen toten Körper meiden, der sie bei ihrem Vorankommen behindert. Die einen sammeln unaufhörlich »objektive Beweise«, um ihren Glauben zur Genüge in historischen Gewißheiten zu verankern; die anderen suchen ständig nach »symbolischen Bedeutungen«, um sich nicht bei einem unbedachten Rückgriff auf die Referenz erwischen zu lassen.

Dieses Schisma scheint heillos, aber mir bleibt keine Wahl: Ich muß weiter dieses scheue Gespann zu lenken suchen, in dem der eine Hü will, der andere Hott. Die drinnen finden, der Religion fehle es an Realismus, wenn all jene Dinge in bloße Redeweisen umgeformt würden; umgekehrt befinden die draußen, es herrsche allzuviel vulgärer Realismus, wenn man mit dem Finger auf das zu zeigen beginnt, was wohlformuliertes und wohlverstandenes Sprechen leistet. Die ersteren empört eine sprachliche Forderung, die ihnen von Relativismus geprägt scheint: »Warum sagt ihr nicht gleich, daß all das bloß ein Lügengewebe ist?« Die letzteren entrüsten sich über einen Relativismus, der schließlich darauf hinausliefe, die wahre und tiefe Materialität dessen zu rehabilitieren, was sie für einen Wust im Lauf der Geschichte angehäufter Hirngespinste halten: »Warum sagt ihr nicht gleich, daß die Heilige Jungfrau bei ihren Erscheinungen wirklich zugegen ist!« Und doch, nie war dieses so abgedroschene, so unverstandene Wort *Relativismus* besser am Platz als in Sachen Religion: Es spricht von Beziehung, Bedenken und Versenkung genauso wie das Wort »Religion« selbst, dessen diverse Etymologien Beziehungnahme, Bindung, Bemühung und Versenkung beinhalten. Aber welche Beziehung, welche Versenkung, welche Bedenken? Hier müssen wir den Typus von Wirklichkeit, Realismus, Objektivität, Historizität wählen, den wir aufgreifen wollen: entweder die realistische, aber abwesende Gegenwart einer zeitlich und räumlich von uns entfernten Substanz, die unseren Ohren für immer unverständlich geworden ist, unberührt von Vergänglichkeit, für die Forderung des *ego*, *hic*, *nunc* nicht erreichbar – oder aber die wirkliche Gegenwart eines in dieser Zeit und an diesem Ort wieder aufgegriffenen Wortes, das völlig von den aktuellen Bedingungen des Redens abhängt. In dem einen Fall vergeht die Zeit umsonst, umsonst reden die Menschen; im anderen hingegen hängt alles von ihnen ab, die Zeit löst aus und löst auf, beweist und falsifiziert, vergegenwärtigt und verliert. In dem einen Fall gibt es weder Beziehung, noch Versenkung, noch Bemühung; in dem anderen Bedenken, Wiederaufnahme und Bindung.

Die Objektivität wiederfinden

Genügt es, vom Realismus der Substanz zum Realismus der Beziehung überzugehen, damit die alten, verscharrten Wörter ihre Jugend, ihren Glanz, ihre Sichtbarkeit wiederfinden? Versuchen wir es noch einmal. »Gott ist eine Person«, das klingt seltsam; wenn ich aber sage: »Das, was aus uns Personen macht, die einander nah und füreinander da sind, kann man an manchen Orten und zu manchen Zeiten ›Gott‹ genannt haben, man könnte es heute aber auch mit einem anderen Wort nennen, zum Beispiel ›was Mitmenschen erzeugt‹« – was sollte Gläubige wie Ungläubige daran so sehr schockieren? Die »Nichtexistenz Gottes« enthält heute genau dasselbe Beschwörungspotential wie der frühere Ausdruck »Gott«; nein, sie enthält es sogar viel gezielter, nämlich *heute und für mich*, während der frühere Ausdruck es für Völker aus grauer Vorzeit enthielt: folglich wäres es geradezu *achtlos*, sie nachzubeten und heute zu sprechen, als ob »Gott« existiere. Man gießt nicht neuen Wein in alte Schläuche.

»Ewiges Leben« hat keinerlei Sinn mehr, am wenigsten für die, die am offenen Grab weinen, in dem nun ihre Liebsten ruhen – aber wenn ich sage, daß in der Liebe jeder die Erfahrung einer entscheidenden, endgültigen Zeit macht, die nicht mehr nach der sterblichen Art der Entfernung vergeht; daß sie sich während ihres kurzen Lebens an ebendiese Zeit hätten halten sollen, wenn sie ihre so wenig Geliebten wirklich geliebt hätten; daß sie zunächst einmal deswegen bittere Tränen weinen, wegen dieses Zeitverlusts, wegen dieser verpaßten Gelegenheiten – habe ich dann irgend etwas Wesentliches ausgelassen? Ja, denn ich habe das Wesen ausgelassen, das uns unsere Blicke auf das unzugängliche Jenseits richten läßt, als könne man sich vorstellen, die auf immer Verlorenen später anderswo wiederzusehen; nein, denn ich habe die Beziehung aufgehoben, die aufs neue Aufmerksamkeit, Sorgsamkeit, Vorsorge auf den lenkt, der nun vor uns liegt, auf jene Liebe, von der wir so schmerzlich bedauern, sie nicht zeitig ausgeübt zu haben. Ewigkeit, das war gestern, das haben wir nicht verstanden. Die Zeiten hatten sich erfüllt; wir aber lebten in der Abwesenheit. Habe ich nicht das Wesentliche bewahrt, indem ich die Substanz aufgab? Hätte ich die Substanz erhalten, hätte ich dann nicht die Möglichkeit verloren, sie in Beziehung zu bringen, sie wieder ins Spiel zu bringen? Wer ist skrupulöser? Wer ist andächtiger? Wer ist realistischer? Wer ist objektiver?

Eines von beiden: Entweder gehen wir von der Substanz aus und fügen ihr Attribute hinzu, und dann sagen wir, daß »es Gott gibt«, daß er »spricht«, daß er der »Schöpfer« ist, »allmächtig«, »barmherzig«, »ewig«, »Erlöser« und so weiter; oder wir schaffen Attribute, die wir sei es dem Ausdruck »Gott« hinzufügen, sofern er den anzusprechenden Völkern verständlich ist, sei es irgendeinem anderen Ausdruck, der sie anderen Völkern zugänglicher macht – zum Beispiel denen, für die die »Nichtexistenz Gottes«

eine unbestreitbare Selbstverständlichkeit ist. Es sieht ganz danach aus, als gäbe es (mindestens) zwei Objektivitäten, zwei Realismen: einen hartnäckig festhaltenden und einen wiederaufnehmenden oder sammelnden. Der erste steigt von der Vergangenheit zur Zukunft hinab, die Zeit vergeht für ihn nutzlos, da nichts, was es gibt, und nichts, was ausgesprochen wird, die unabänderliche Substanz zu modifizieren vermag, die sich durch ihre Attribute äußert; der andere steigt von der Gegenwart zur Vergangenheit auf, alles hängt davon ab, wie weit das gegenwärtige Ereignis die gesamte Geschichte wieder ins Spiel bringen kann. Die erste Angelegenheit kann nicht schiefgehen, die zweite *kann schiefgehen*: das ist der ganze Unterschied. Die erste ist nichts als die unausweichliche Verwirklichung eines – bis auf einige Feinheiten – im voraus entschiedenen Plans; die zweite eine wirkliche Geschichte, unsere Geschichte, das Spiel ist noch nicht gelaufen. Wir müssen uns entscheiden. Die religiöse Rede läßt kein Kauderwelsch aus beiden Sprachen zu. Leider ist es doch der Fall, man stammelt ständig – vor allem ich –, da je nach Form der Aussage alles falsch oder alles wahr werden kann – das hängt von uns, ja von mir ab.

Nichts Erdrückenderes als jenes Dogma von der sogenannten »Inkarnation eines Mensch gewordenen Gottes«. *Verkehrt*, diabolisch vorgetragen, nämlich absteigend von der Substanz zu ihren Attributen, verformt sich dieser Bericht zu einer fantastischen Geschichte, einer Heilsgeschichte, für die es heute keine menschlichen Ohren mehr gibt, von den hartgesottensten Kirchgängern einmal abgesehen: Ein »Gott« »erlöst« die »sündige Menschheit«, indem er »seinen eingeborenen Sohn« entsendet, dessen »Tod am Kreuz« und »Auferstehung« ermöglichen, die Welt zu »retten«. Wird diese Geschichte so erzählt, hat sie keinen Wahrheitswert mehr: sie ist weder wahr noch falsch; bestenfalls dient sie als Glaubensgegenstand, schlimmstenfalls als Anlaß zu Spott, da nicht mehr zu erkennen ist, woran sie ihren Prüfstein hat, ihre Beweise, ihre Prüfer, ihre Validierungen, ihre Sicherheiten; sie kann nur in Bausch und Bogen angenommen oder verworfen werden. Sobald man sie aber auf die Füße stellt und sie *richtig* wiederaufnimmt, nämlich von den Attributen ausgeht, um zur Substanz aufzusteigen (oder auch nicht), wird sie präzis, da sie alle ihre Wahrheitswerte wiederfindet: jetzt ist sie von neuem wahr oder falsch, kann Beweisführungen, Überprüfungen, Sicherungen, Validierungen unterzogen werden. Bin ich fähig, von dem zu sprechen, was nicht fern, sondern nahe ist, nicht geistig, sondern fleischlich, nicht tot, sondern lebendig? Und das, wovon ich spreche, dieses Wort selbst – ist es nicht fähig, diejenigen aufzurichten, an die ich mich wende, so daß Ausdrücke wie »gerettet«, »erlöst«, »auferstanden« ihnen erneut als passend erscheinen, selbst wenn sonst nichts, gar nichts auf der Welt sich geändert hat?

Liebende wissen wohl, daß das Wort, das sie von der Distanz erlöst, nicht von weit her kommt, sondern unter ihnen wohnt, daß es ihr Dasein erhöht, ohne es doch zu verändern, daß es ihrer kleinen Welt kein Byte Information, keine Erkenntnis, kein einziges Wissen hinzufügt, und daß es sie doch von innen bereits *verklärt* hat. Daß es nicht darum geht, die Augen nach oben, zum Geist zu verdrehen und sich damit zu entfernen, sondern sich anzunähern, indem man das Wort nach unten, an den Körper richtet. Und die Beweise dafür sind ebenso schlagend wie unbestreitbar: entweder spreche ich das Wort »Inkarnation« frevlerisch aus, und es geschieht nichts, oder ich spreche es zurecht aus, und das Wort tut, was es sagt: jetzt oder nie, du oder keiner, in diesem Körper oder nirgends. Dringlichkeit und Hinweis auf eine Präsenz, die für immer kommt, vorläufig endgültig. »Ja, die Zeiten haben sich erfüllt.« »Ich sehe, ich bin von einem Irrtum zurückgekehrt.« Kein Entrinnen möglich. In diesem Augenblick verstehe ich darüber hinaus, ohne daß es mich wirklich überrascht, daß griechische Ohren in sehr weit zurückliegenden Zeiten diese verblüffende Erfahrung in sich aufnahmen, wenn sie sich mit Entzücken auf das Labyrinth einer Metaphysik vom »wahren Gott/wahren Menschen« einließen. Letztlich ist kein Ausdruck besser als ein anderer; was immer ich an Neuem erfinde, um diese Wahrheit zu anderen Zeiten und an anderen Orten zu verbreiten: Es ist nicht schlechter und nicht besser, da allein die tatsächliche Verwirklichung dessen, was es verkörpert, ihnen ihre Wahrheit, ihren Stellenwert, ihr Siegel verschafft. Sakramentale Worte, die denjenigen, der sie ausspricht, verpflichten, zu tun, was sie sagen – oder zu lügen. Wiederholt das Dogma der Inkarnation nicht ausdrücklich, reflexiv, wie jene eigentümliche Wirksamkeit des Heilswortes zu verstehen ist: ein Gott ist Mensch geworden, das Ferne ist nah gekommen, was abwesend war, ist von nun an gegenwärtig? Von der Fortsetzung der Geschichte hängt ihre Wahrhaftigkeit ab, nicht vom Anfang.

Wie man seine Götter auf die rechte Weise produziert

Wie lächerlich meine Übersetzungen doch sind! Wie rasch die Worte, die ich neu glaubte, sich doch abnutzen, kaum sind sie in Umlauf gebracht. Nichts von der Wirklichkeit, die sie auffangen wollten, konnten sie erfassen, nichts sie wieder ins Spiel bringen. Diese Abhängigkeit des Worts von der Gegenwart, von den gegenwärtigen Bedingungen seiner Benutzung hat zugegebenermaßen etwas Entmutigendes.

Um so mehr, als die apologetischen Bemühungen zu allen Zeiten gerade *gegen* diese Abhängigkeit gerichtet waren. Ströme von Predigten, Tausende von Bänden überschütteten die Menschen, nur damit das »Dasein Gottes« *nicht* von ihrem Wort *abhänge*, von ihrem Wollen, von ihrem guten Willen. Und umgekehrt haben gerade die »Feinde der Religion« sich seit jeher an ebendieser Selbstverständlichkeit gütlich getan: die Menschen machen die Götter nach ihrem Ebenbild. Und jetzt möchte ich mich auf relativistischem Umweg dieses kritischen Vokabulars bemächtigen, um fromm und treu das religiöse Wort einzufangen? Die Menschheit, eine Maschine zur Produktion von Göttern. Entweder ist es absurd, oder es handelt sich um eine noch perversere Apologetik als die der anderen, um eine Priesterlist.

Und doch, es liegt etwas Richtiges und Genaues in diesem Ausdruck: »Die Existenz G.s hängt nunmehr von uns ab.« Geht es nicht in dieser ganzen Angelegenheit buchstäblich, fromm, rituell um einen »Gott«, den der Mensch (eine Frau) hervorgebracht hat? Mußte sie nicht bewußt und mit Vorbedacht diese Worte des Einverständnisses aussprechen: »Ich bin die Magd des Herrn«? Was die Liebenden so genau wissen, daß nämlich die Gegenwart ihrer Liebe von der Art und Weise abhängt, in der sie von neuem miteinander sprechen, um einander ihre Gegenwart zu bezeugen – warum sollten wir uns davon nicht eine

Scheibe abschneiden? Auch sie ruhen sich nicht auf der Gewißheit ihrer Zärtlichkeit aus, auf der Macht der Trägheit; und doch, wenn sie sich endlich lieben, werden sie nicht die Torheit besitzen, ihr Heil auf ihre eigenen Kräfte zurückzuführen. Im Gegenteil: nur in den Phasen, in denen sie sich voneinander entfernen, mitten in der Krise, wenn die quälende Zeit sie erstickt, sind sie auf ihren eigenen Scharfsinn verwiesen. Wenn sie unfähig sind, sich aus eigener Kraft aus der Grube zu helfen, in die sie gerieten, flehen sie: »Liebe, komm uns zu Hilfe!«, mögen sie auch wissen, daß niemand ihnen beistehen wird und sie ebenso unfähig sind, sich aus der Patsche zu ziehen, wie der Baron von Münchhausen. Die Liebenden halten sich daher durchaus für die einzig möglichen Meister ihrer Beziehung und wissen doch, daß sie erst in der Hölle der Distanz deren einzige Hersteller werden: Sind sie einander wieder nähergekommen, erkennen sie mit absoluter Gewißheit, daß diese Liebe, die ihnen endlich zu Hilfe kam, sie *produziert* hat.

Müssen wir, um von Religion zu sprechen, wirklich unbedingt auf die fürchterlichen Schwierigkeiten mit dem Wörtchen »produzieren« zurückkommen? Leider ja. Nichts hat die Übersetzungsdefizite derart anschwellen lassen wie jener selbstmörderische Kampf gegen die Diskurse derer, die aus der Religion ein »schlichtes menschliches Produkt« gemacht haben. Wir hätten sie vielmehr mit offenen Armen aufnehmen sollen! Ja, wir hätten Voltaire, Feuerbach, Nietzsche, Marx, Freud kanonisieren, sie zu Kirchenvätern erklären sollen. Sankt Friedrich hätte uns ein wenig besser geholfen zu beten als Bernadette Soubirous, und sein Heiligtum in Sils-Maria hätte nicht weniger Wunder bewirkt (nur in China sind innerhalb der Tempel Kapellen zu sehen, die heiligen Philosophen gewidmet sind). Gerade als wir die alte Welt eines »hilfreichen Gotts«, an den man Gebete richtete, mit Sack und Pack fliehen mußten, machten uns diese apokryphen Kirchenväter mit einer Welt vertraut, die nicht etwa von »Gott« entleert war, sondern im Gegenteil mit seiner Nichtexistenz *erfüllt*. Für die altehrwürdigen Glaubensinhalte vollbrachten sie dieselbe Arbeit der Übersetzung und Reprise, wie ihre Ahnen sie für die Najaden, die Sylphen und die Götter des Olymps durchgeführt hatten. Wie könnte die Geschichte der religiösen Rede bei einer spezifischen Form von Andacht stehenbleiben, wo doch Sorgfalt und Skrupel uns nötigen, von der Aktualität dessen zu sprechen, was sich uns in diesem Augenblick wieder vergegenwärtigen muß? Warum sollte die Formulierung »der Mensch produziert seine Götter« diese Gegenwart von vornherein schlechter wiedergeben als »ein Mensch gewordener Gott«, dieser antike, für viele unentzifferbar gewordene Ausdruck? Was das alte göttliche Idiom so bequem machte, war, daß niemand etwas dagegen hatte: in welcher Sprache müssen wir heute von G. sprechen, um auf ebensoviel Einverständnis zu stoßen? Wenn an Pfingsten Parthisch, Griechisch und Syrisch gesprochen wurde, warum sollten wir dann heute nicht wie Freud, Feuerbach oder Renan sprechen? Wovor hattet ihr denn Angst? Was war das für ein Schatz, der, um aufbewahrt zu werden, nie angetastet werden durfte? Wißt ihr denn nicht, welches Schicksal den Schatzbildnern bevorsteht? Wozu dient es dir, daß du ein Vermögen an Glauben aufhäufst, wenn du doch keinen Groschen davon in diese Gegenwart mitnehmen darfst, in der du leben und reden mußt?

Wenn ich die Objektivität der durch die Religion produzierten Wesen und ihre Abhängigkeit vom Sprechakt zusammenhalten soll, muß ich also über einen Sinn des Worts »produzieren« verfügen, der nicht kritisch ist. Dies wäre das einzige Mittel zu erkunden, was diese unermeßliche Masse von Diskursen, Erfindungen, Elaboraten hervorgebracht hat, was diese ganze Arbeit, diese ganzen Um- und Nebenwege des Glaubens antrieb – und dies zu erkunden, ohne all dem eine Wirklichkeitsparzelle abzusprechen, ohne es je inaktuell werden zu lassen. Ich kann das Wort Produktion aber nicht mehr positiv benutzen, das ich doch so dringend brauche, um weiterzukommen. Der Kampf gegen die Religion hat es zum Synonym von Falschheit werden lassen. Warum? Weil dieser bescheidenen und ehrlichen Produktion eine verrückte Hypothese unterschoben wurde: die Abhängigkeit des Urhebers von seinem Werk.

Es gibt keinen Gebieter

Wer hat je einen Konstrukteur gesehen, der seine Konstruktion beherrschte? Wo ist der Schöpfer, der sich fähig fühlte, seine Schöpfung zu kontrollieren? Welcher Erfinder von Robotern dünkt sich ihr Gebieter, welchem Marionettenspieler haben seine Marionetten nicht überraschende Kunststücke beigebracht? Als sie die Geheimnisse der Produktion von Göttern enthüllten, haben jene neuen Kirchenväter uns allen einen ungeheuren Dienst erwiesen, denn im Grunde waren sie über die Herrschaft erbost, wollten ihr ans Leder: Es gibt überhaupt keinen Gebieter. Ja, genau: »Weder Gott noch Gebieter.« Aber die Priester hatten Angst, daß die Menschen alle Macht an sich reißen würden, wenn sie ihnen die Fähigkeit verliehen, ihre Götter selbst zu produzieren und sich selbst an die Stelle Gottes setzten. Diese Stelle gibt es aber nicht. Der Begriff Produktion zieht keineswegs den eines allmächtigen Produzenten nach sich. Nur die alte Welt besaß einen allmächtigen Schöpfer, von dem man sich tatsächlich vorstellen konnte, daß ein »Mensch« genanntes Wesen ihm nachfolgen würde.

Aber der Erdbewohner? Der Sterbliche? Wir? Sie? Ich? Wo sehen Sie da Gebieter, Kaiser, Kontrolleure? Es gibt keine Herrschaft. Sie als religiösen Menschen erschreckt diese Welt, weil sie Ihnen zufolge »keinen göttlichen Gebieter« kennt, aber sehen Sie denn nicht, daß sie auch *keinen menschlichen Gebieter* hat? Sie als unreligiösen Menschen entsetzt dieser Aufruf zur Wiederkehr »Gottes«, weil er für Sie zur alten Tyrannei des Göttlichen zurückführt; sehen Sie nicht, daß diese Welt für immer *keinen Schöpfer* hat?

Die Priester glaubten, ihre Predigten auf die menschliche Schwäche stützen zu sollen, und wagten, noch in seinen Verfehlungen einen Beweis für die Größe ihres »Herrn« zu finden. Wie hätten sie erst predigen können, wenn sie vielmehr – wie die apokryphen Kirchenväter – die Schwäche, die Passivität, die Abhängigkeit G.s geltend gemacht hätten? Hätten sie nicht besser daran getan, sich über eine endlich vom Gift der Herrschaft befreite Welt zu freuen, statt den »Atheismus«, diese Mystik, zu bekämpfen? Und ihr Humanisten wiederum, hättet ihr nicht besser daran getan, Gegengifte zu entdecken, um euch der harten Droge der Kontrolle zu entwöhnen, statt der Barbarei der Religionen die Achtung vor dem Menschen entgegenzuhalten? Glaubt ihr alle wirklich, daß die Geschichte sich auf eine Spielplatzschaukel reduzieren lassen muß, wo »Gott« nur in dem Maße steigt, wie der Mensch sinkt; wo der Mensch nur triumphiert, wenn »Gott« stirbt? Die Zeiten ändern sich. Das Angesicht der Erde hat sich seit geraumer Zeit erneuert. Es gibt weder Kontrolle noch allmächtige Schöpfer – von »göttlicher« Seite so wenig wie von menschlicher –, aber es gibt Sorgfalt, Bedenken, Vorsorge, Aufmerksamkeit, Sammlung, Zögern und Reprise. Wohlgemerkt: Wir bewahren nur, was aus unseren Händen kommt, ohne daß wir uns indes für seinen Ursprung halten.

Durch Idole verleitet

Es ist mir unmöglich, wieder von diesen Dingen zu sprechen, wenn ich nicht die Fähigkeit wiedererlangen kann, Wahrheit zu produzieren, die Wirklichkeit auszusprechen. Ich muß von religiösem Elaborat sprechen können, ohne daß drohende Stimmen innerhalb wie außerhalb der Kirche von mir fordern, mich zu entscheiden: »Ist es wirklich oder bloß produziert?« Erneut muß ich antworten dürfen: »Beides.« Und meine Gegner wie auch die, die mir glauben, mögen nicht daraus schließen, daß ich mich mit dieser Antwort in die zynische Illusion eines Idolproduzenten flüchte, der den Hervorbringungen seiner Hände die Wirklichkeit zuspricht, die er auf sie projiziert hat.

Wahrhaftig, ich werde niemals zurande kommen. Niemals werde ich wieder das Wort ergreifen können, da ich auch nicht in der Lage bin, Sprache und Wirklichkeit neu miteinander zu verbinden. Es ist, als hätte man mir das Recht entzogen, diesen Gestus des Produzierens, Konstruierens, Elaborierens, Relativierens zu vollziehen, der *wahrhaftig* das Wahre aussprechen kann, ohne alsbald der Naivität, des Zynismus oder der Unaufrichtigkeit beschuldigt zu werden. Ich verfüge nicht mehr über diese Worte, die bewirken, was sie sagen: »Rituale«, »Sakramente«, »Predigten«. Als hätte die religiöse Rede sich selbst all ihrer materiellen und praktischen Mittel begeben, das rechte Wort zu produzieren, als hätte sie mit eigenen Händen die Wortmühle, die Gebetsmühle zerbrochen. Nicht erstaunlich im übrigen, da auch die Wissenschaften mit dem Modernismus vergessen haben, wie man »die objektive Wahrheit produzieren« kann. Damit akzeptierten sie, sich von der Doppelklick-Kommunikation mit ihrem absurden Anspruch auf die Existenz einer »nicht von Menschenhand gemachten« Wahrheit verraten zu lassen, *acheiropoiete* …

Beim Zerstören der Fetische …

Hätte ich nur die unvermeidliche Abnutzung der von der Gegenwart zur Vergangenheit gleitenden Worte gegen mich, käme ich damit zurecht; hätte ich nur die lange Geschichte der Antireligion gegen mich, würde ich ohne allzu große Schwierigkeiten Paroli bieten; hätte ich nur die Fallstricke der Apologetik und des Rationalisierens gegen mich, wüßte ich ihnen wohl auszuweichen. Aber gegen mich arbeitet auch, was die Freunde der Religion gemeinsam mit ihren erbitterten Feinden für die höchste Tugend halten: der Haß auf die Idole.

Wer ermißt die beißende Ironie dieses Paradoxes? Die Religionsanhänger wie ihre Feinde haben um die Wette Götzenbilder umgeworfen, Fetische verbrannt, falsche Götter denunziert. Sie hielten es für ihre Pflicht, sich von der unzulässigen Verquickung von Produktion und Wirklichkeit, wofür in ihren Augen die Fetischproduzenten stehen, nicht *hinters Licht führen zu lassen*. Erstere meinten, den Glauben an einen »einzigen Gott« gegen die gräßliche Wirrsal der diversen Baals absichern zu müssen; letztere dachten, das Vertrauen auf eine »einzige Vernunft« gegen den archaischen Glauben an einen »Gott« abgrenzen zu sollen, der zu einer Schimäre unter anderen geworden war. Was sich in dieser Kaskade von Mißverständnissen gleichblieb, ist der Arm des Bilderstürmers, bewaffnet mit einem Hammer – oder der Fackel, die er an den Scheiterhaufen legt. Für die Religionsanhänger wie auch für ihre Feinde kam es darauf an, jedenfalls zu vermeiden, daß für eine unabhängige Wirklichkeit gelte, was »nur« das Werk menschlicher Hände sein konnte. Und das nicht erst seit gestern. Die Legende behauptet, daß Abraham, der Vater dreier Religionen, seine glänzende Laufbahn damit begann, daß er die bescheidene Götzenwerkstatt seines Vaters Terach in Schutt und Asche legte. Seit diesem destruktiven und kritischen Gründungsakt hält die Verwüstung an: eine kontinuierliche Feuersbrunst, ein unaufhörliches Gemetzel, eine Frömmigkeit, die sich nur durch ein stets erneuertes Opfern von Tabus, Idolen, Bildern, Dogmen, Fetischen, goldenen Kälbern und falschen Göttern zu offenbaren vermag. Vor allem nicht glauben, sagen sie, sich nicht *hinters Licht führen lassen*, sich nicht *hineinlegen lassen*, nicht *besessen* werden.

… haben wir die Triebfeder der Handlung zerstört

Aber was für Beweise haben wir eigentlich dafür, daß dieser Kampf gegen die Idole wirklich notwendig war? Warum sollten wir ihn heute *ad nauseam* weiterführen? Gewiß, als die Götter noch den unbestreitbaren Rahmen des täglichen Lebens darstellten, mußten die Altäre der Konkurrenten umgestoßen werden, wenn ein einziger, eifersüchtiger Gott inthronisiert werden sollte – aber inwiefern geht dieser antike, altehrwürdige Kampf uns noch etwas an, uns, die wir die Nichtexistenz von Göttern für den unhinterfragbaren Rahmen unseres fragilen Daseins halten? Im Glauben, unsere religiöse Pflicht verlange die Zerstörung von Fetischen, Götzen und Tabus, haben wir versehentlich etwas ganz anderes niedergestampft: die Triebfeder eines Handelns, das es gerade erlaubte, von uns unabhängige Wirklichkeiten zu produzieren, ohne dabei zu lügen. Indem wir die Altäre der falschen Götter umstießen, haben wir die Menschheit in Finsternis gestürzt, weil wir uns zwangen zu glauben, daß die Produzenten jener Dinge naiv und fälschlich an sie glaubten. Infolgedessen haben wir die Welt mit Barbaren, Manipulatoren und Manipulierten bevölkert. In verblüffender Umkehr der Dinge haben wir, die Aufklärer, Finsternis produziert, und wir, die Ungläubigen, allerorten blinden Glauben gesät. Um die Bindung der Götzendiener und Fetischisten an ihre Idole zu erklären, wo sie doch, wie wir glaubten, wissen mußten, daß *sie allein* ihre Urheber waren, haben wir *geglaubt, sie müßten an sie glauben*, müßten sich von ihren eigenen Produkten hinters Licht führen lassen. Wir haben uns vorgestellt, daß sie den eigenen Konstrukten eine autonome Realität zusprachen, was in der Tat zutrifft, aber nicht im Sinne der Kritiker: das Werk unserer Hände kann nämlich bisweilen herstellen, aufnehmen, offenbaren, heraufbeschwören, wovon wir besessen sind. »Diese Götzen haben Augen und sehen nicht, Ohren und hören nicht, Hände und berühren nicht«, sagten wir, um sie lächerlich zu machen, ohne zu sehen, wie sehr diese Verdammung uns selbst verurteilte. Ja, sie verurteilt uns selbst überaus zutreffend, überaus exakt: Wir, die Götzenzerstörer, wir haben Augen und sehen nicht, haben Ohren und hören nicht, haben Hände, die nichts berühren können – außer um es zu dekonstruieren, zu kritisieren und zu zerbrechen. Der Hammer der radikalen Kritik ist zurückgeprallt; uns hat er an der Stirn getroffen; uns hat er stumm und sprachlos gemacht.

Wie bitte? Um wieder von Religion zu sprechen, sollen wir zu den Götzen zurückkehren, den Baals Altäre errichten, erneut Polytheisten werden, den Fetischen opfern, nicht mehr nur die abwegigen Märchen der Priester schlucken, sondern auch die gräßlichen Phantasmen ihrer Todfeinde, der Zauberer, Scharlatane, Magier? Wie sollen wir hinnehmen, daß Evidenzen leichtfertig in Frage gestellt werden, die von den großen, etablierten Religionen ebenso geteilt werden wie von den ihnen unmittelbar entsprungenen offiziellen Rationalismen? So weit wollen Sie den Relativismus doch wohl nicht treiben? Oder aber sie laden uns nicht mehr zum Neubeginn religiösen

Sprechens ein, sondern zu einem faustischen Pakt, gegen den alles sich erheben würde, was uns an Tugend geblieben ist.

Und doch trat auch hier ein Katgeorienfehler auf, ganz als hätte man das Ereignis, das fähig wäre, die Menschen einander nahezubringen und gegenwärtig zu machen, mit einer *anderen* Schlacht verwechselt, die jetzt überflüssig, ja gefährlich ist. Als hätte man es anfangs schwer gehabt, die religiöse Aussage von einer anderen *abzukoppeln*, die andere Ziele, andere Wahrheiten, andere Wirklichkeiten produzierte und über die heute noch zu streiten völlig überflüssig geworden ist. Was können Fetische dem anhaben, der einen Weg zur Vergegenwärtigung, zur Repräsentation sucht? Worin können häusliche Schutzgeister, ob kultureller oder staatsbürgerlicher Prägung, diejenigen stören, die ein virtuelles Volk von Geretteten und Mitmenschen bilden, das jeder Grenze spottet? Warum sollte, was durch den subtilen Tauschhandel von Opfer, Bitten und Beten tröstet und heilt, denjenigen stören, der Gegenwart und Heil sucht? Die Engel können ihre Kreise ziehen, ohne dabei die Dämonen zu stören. Vor allem dann, wenn die Gläubigen, so sie denn weiter recht von ihrem G. sprechen wollen, auf *dieselben Mächte* zurückgreifen müssen wie die, deren Altäre sie niedergemacht haben. Auch sie müssen mit eigenen Händen *Bildnisse* produzieren und aufstellen da, wo vorher die zerschlagenen *Idole* standen, und auch diese Bildnisse müssen authentisch werden. Beim Zerstören der Götzenbilder vergaßen die Antifetischisten, daß sie die zur Verbreitung ihres Worts und Ausübung ihres Gottesdienstes notwendige Herstellung von Bildnissen für immer unbegreiflich machen würden. Indem sie die Götzenbilder zerbrachen, banden sie sich die Hände durch ein unmögliches *double bind*, da sie doch immer noch beanspruchen, eine Wirklichkeit zu produzieren, und sich zugleich der bescheidensten Mittel dazu begeben. Ist dies nicht die Quelle des von den sogenannten Buchreligionen erzeugten Fanatismus? Der Ursprung dieses abrupten Wechsels von einem absolut freien, einen völlig ohnmächtigen Menschen beherrschenden »Gott« zu einem Menschenwesen, das völlig frei erfundene Götter beherrscht, um seine All-Ohnmacht zu beklagen? Die Religionsanhänger wie auch später deren Feinde glaubten es *recht zu machen*, entzogen sich dabei aber jede Möglichkeit, *recht zu produzieren*. Darin liegt keinerlei Paradox, sondern eine sehr einfache Evidenz: Wie könnten die, die *Bilderlust* brauchen, um noch recht von ihrem Glauben zu sprechen, ohne weiteres die ikonoklastische Tadition beerben? Wenn die reale Gegenwart G.s in der Rede über ihn von jener Rede selbst abhängt, wie verrückt ist es dann, das Band zwischen menschlicher Praxis und autonomer Wirklichkeit mit einem Schwerthieb zu zertrennen!

Irgendwo müssen wir vom rechten Weg abgekommen sein, denn heute triumphiert die Bilderstürmerei, herrscht allein der kritische Geist, und die Formulierungen »das ist wahr« und »das ist konstruiert« lassen sich nicht mehr zur Deckung bringen. Sofern wir sie nicht *a minima* als schlichte Projektion einer Illusion auf den weißen und stummen Wolkenschleier verstehen, die allein Unaufrichtigkeit als eine konsistente Wirklichkeit ausgeben kann. Nun haben aber die, denen man sehr zu unrecht vorwirft, naiv an ihre Fetische zu glauben, gerade diese wertvolle Fähigkeit bewahrt: in einem Atemzug und ohne Zaudern können sie sagen, daß sie mit ihren Händen gemacht haben, was sie doch rettet und ihnen Leben verleiht, was sie besitzt und erhält. Wer kann heute ein Bildnis malen und guten Glaubens behaupten, es stamme nicht von Menschenhand? Und doch ist es eine alltägliche Selbstverständlichkeit, die Liebende registrieren, ohne den Schatten eines Widerspruchs zu verspüren: Ja, sie selbst sprechen und hängen nur von sich ab; ja, ihre Liebe hat sie geformt und aus der Grube gezogen, in der sie getrennt voneinander dahinschmachteten. Ist es noch erlaubt, uns zaudernd auf diesen Pfad einzulassen? Kann man in Sachen Religion Konstruktivist sein, das heißt Realist, wie man es in Sachen Wissenschaft sein kann (wie ich es zu werden gelernt habe)? Die drohende Frage »Ist das wahr oder ist es produziert?« kann ich jetzt auch hier durch die Frage ersetzen: »Woran läßt sich der Unterschied erkennen zwischen dem, was *gut*, und dem, was *schlecht* produziert ist?«

Ein Augenblick der Entmutigung

Offen gesagt, ich verstehe nicht, warum er sich so versteift. Nie wieder wird er von diesen Dingen sprechen können. Er muß gegen zu viele Gewohnheiten kämpfen, gegen zu viele Reflexe, muß zu viele Defizite ausgleichen. Seine Zunge ist nicht nur gelähmt, sie ist am Gaumen festgewachsen. Zu kompliziert, alles wiederaufzunehmen, von der Definition »Gottes« über die Konzeption der Produktion von Götzen bis hin zur Sprache Liebender – ganz zu schweigen von den gräßlichen Komplikationen der Lüge, der Rationalisierung, der Übersetzung und der Reprise, in denen er so fröhlich herumgeplanscht ist. Die logische Lösung dürfte derjenigen, die er bisher gezogen hat, gerade entgegengesetzt sein: vor allem nicht mehr von diesen Dingen reden; den Keller der Religion mit dem schweren Grabstein verschließen, der sie für immer begraben wird; nicht mehr von diesen Untoten reden, die unser Blut saugten; einen wohlgespitzten Pfahl zwischen ihre Rippen rammen. *Vade retro satanas*. Die Lösung seiner Zeitgenossen und seiner

Kollegen ist ausgezeichnet; damit hätte er anfangen sollen; er hätte sich viel Mühe gespart: Mit der Religion ist es aus. Sie bietet nur archaische Tröstungen, einen irrationalen Rest, eine rührende Bemühung, dem Un-Sinn des Daseins Einhalt zu gebieten, eine kindliche Kolorierung, die der von dem kalten Verstand erkannten Natur ein wenig Farbe und Wärme gibt. Natürlich, die Religion bietet immer noch ein Forschungsobjekt, man kann sich mit den Begeisterungsstürmen beschäftigen, die sie noch auslöst, aber sie hat nichts Lebendiges mehr, nichts Wesentliches, nichts jedenfalls, was zumindest in unseren angenehmen Klimazonen geistigen Raum einnehmen muß; seit langem ist sie aus dem Bereich des Gesunden ausgeschieden und in Pathologie, ja Teratologie übergegangen. Daraus wird er sie nicht befreien. Im übrigen: Wer möchte diesem Delirium der Rückständigen, der Frömmler, der Scheinheiligen, der Inquisitoren und der Fanatiker denn wieder Platz und Gewicht einräumen? *Ecrelinf.* zurecht beendete Voltaire seine Briefe mit dieser grausamen Formel: *Ecrasons l'infâme*, »zermalmen wir die Niederträchtige«.

Ja, alles ist falsch an der Religion; und doch ist alles wahr, noch das letzte Komma. Wie jene im klassischen Zeitalter so populären Anamorphosen, die ein monströses Geschmiere schlagartig in ein Bild verwandeln, hell wie der lichte Tag, sobald der Blick die richtige Stelle im richtigen Winkel trifft. Ich kann diesem Zögern nicht entkommen, das nichts mit einem unsicheren Schwanken zwischen Unglauben oder Glauben zu tun hat, zwischen »ich speie alles aus« oder »ich schlucke alles«. Das Zögern stellt die Sache selbst dar, ist immer neu aufzunehmen und neu zu formulieren. Das hat nichts zu tun mit einer stupiden Wette auf die jeweiligen Aussichten eines langfristigen Coups – mit enormen Gewinnchancen: die »Ewigkeit«! – bei winzigen, kurzfristige Einsätzen. Ich suche das genaue Gegenteil jener grotesken Apologetik: entweder nähere ich mich der Gegenwart, dem, was vor mir liegt; oder ich löse mich endgültig davon ab und wende mich den Wolken zu. Ist es mein Fehler, wenn der Sinn des Religiösen sich mangels Übersetzung so verkehrt hat, daß es das Ferne bezeichnet statt des Nahen, das Abwesende statt des Gegenwärtigen, den Geist statt des Fleisches, die andere Welt statt dieser Welt, das Transzendente statt des Immanenten? Kann man diese Verkehrung noch heute umkehren und vom Kopf wieder auf die Füße stellen? Einerseits drückt alles nieder, ist hoffnungslos; andererseits ist alles leicht, wirklich ganz einfach, ein siebenjähriges Kind würde es mühelos verstehen. Ja, ich habe recht zu zögern, habe recht, mich zu versteifen. Ich habe mir schon zuviel Mühe gegeben. Ich will mein Erbe an mich nehmen. Gerade jetzt darf ich nicht lockerlassen. Das Schwerste liegt hinter mir.

Die Religion in den Grenzen des einfachen Ausdrucks

Bisher habe ich der Kürze halber von Religion schlechthin gesprochen, aber es gibt kein Wesen des Religiösen, nichts, was erlaubte, derart unterschiedliche Lebensformen mit derselben Vokabel zu bezeichnen. Wenn so viele Leute ihren Revolver ziehen, sobald sie von einer »Wiederkehr des Religiösen« hören, dann liegt es daran, daß sie das alte Amalgam wiederkehren sehen, das Völker, Administrationen, Moralvorstellungen, Ökonomien, Gesetze einschloß, kurz: eine totale, oft totalitäre Lebensform auf der Suche nach einer vollkommenen Welt, nach einem harmonischen Kosmos mit Ansprüchen, die vollständig, lücken- und restlos, bruch- und widerspruchslos zu befriedigen sind. Natürlich kommt eine solche Welt nicht wieder; wenn manche sie noch bewundern, so aus ästhetischer Sicht. Gerade so gut könnte man neben den ICE-Trassen Dampflokomotiven verkehren lassen oder von bebänderten Ochsen gezogene Karren entlang der Pilgerstraßen. Zwar mag man sich für traditionssüchtige Touristen solche Rekonstruktionen einfallen lassen, aber etwas Aktives, Lebendiges, Lebensnotwendiges haben die für immer erloschenen Bräuche nicht mehr. Um so besser. Denn es hat der ganzen Arbeit der Geschichte bedurft, um nach und nach als spezifische Tonart dieser religiösen Äußerung hervortreten zu lassen, was lange, allzu lange mit politischen, moralischen, sexuellen, gesetzlichen, künstlerischen, gewohnheitsrechtlichen Forderungen verquickt war, über die sie sich eine Zeitlang ausdrükken konnte, die aber nicht für immer *auffangen* kann, worum es geht: ihre Botschaft. Der wahre Betrug der Priester, das, was sie so unfähig macht, sich gegen die Beschuldigung des Archaismus zu wehren, besteht darin, daß sie in dieser langsamen, mählichen *Ausklammerung* nicht die Chance zu erblicken wußten, ihre Redefreiheit wiederzugewinnen. Endlich konnte die Religion als solche in Erscheinung treten, ohne nach tausend parasitären Zielen zu langen, denen andere Sprachspiele, andere Ausdrucksweisen viel besser gerecht wurden als sie. Um von Religion zu sprechen, gibt es keine bessere Welt als die unsere, diese hier, die einzige, die wir haben, da sich an diese gegenwärtige Welt in seiner eigenen Sprache wenden muß, wer will, daß die Worte der Überlieferung von neuem danach klingen, daß sie der Wahrheit entsprechen. Darauf warten, daß uns ein Wunder in andere Zeiten und an andere Orte entführe, um wahrhaftig zu reden, heißt einer lügenhaften Konstruktion aufsitzen.

Wir müssen daher umgekehrt vorgehen: nicht alles miteinander vergleichen, was durch alle Zeiten hindurch religiös hieß, um ihm das Mark, die gemeinsame Norm, den Maßstab zu entnehmen, sondern umgekehrt untersuchen, wie dieses Reden ausgehend von seinen spezifischen Forderungen als Prüfstein für die Anwesenheit oder Abwesenheit des Religiösen in anderen Lebensformen dienen könnte. Wie sind gute und schlechte Produkte, gute und schlechte Elaborate voneinander zu unterscheiden? Was bei dieser Prüfung durchfällt, ist darum noch nicht der Fälschung, der Lüge, der Häresie oder Gottlosigkeit überführt, sondern gehört lediglich anderen Wahrheitsformen, anderen, noch zu definierenden sprachlichen Registern an.

Machen wir folgendes Gedankenexperiment: Wenn wir das religiöse Reden, wie ich es definiert habe, aus der Welt zurücknehmen würden, was geschähe dann? Die Religion auf ihren einfachsten Ausdruck gebracht, hieße dies bloß, daß es ohne sie *niemanden mehr gäbe*. Alles würde bleiben, wie es ist: Nationen, Gesellschaften, Individuen, Welten, Ansammlungen, Kollektive, Regelungen, Ökonomien, Kosmologien, Gottheiten; es fehlte lediglich die Erzeugung von Personen, die einander nahegekommen sind, weil eine Form von Temporalität sie erfaßt hat, die nicht mehr von der Vergangenheit in die Gegenwart reicht, sondern umgekehrt von der Gegenwart ausgehend Vergangenheit und Zukunft umfaßt. In diesem engen, schrecklich engen Sinn liefe die Forderung, ohne Religion zu leben, unter dem Aspekt dieser Überlieferung darauf hinaus, *ohne Gegenwart und ohne Person* zu leben, als Untote. Die Liebenden wissen, daß ihre Liebe nicht ihr Leben ist: daß sie arbeiten, begehren, sich mit tausend Dingen beschäftigen, aber sie würden gewiß nicht auf die Vergegenwärtigung verzichten wollen, die in den so eigentümlichen, so ursprünglichen Worten »meine Liebe« liegt – in Worten, die bewirken, was sie sagen. Befragte man sie, gäben sie vermutlich an, daß ihre Liebe »der Sinn ihres Lebens« sei, auch wenn sie gleich einräumen würden, daß ihre Liebe neben dieser Bedeutung tausend andere hat, auf die sie gleichermaßen Wert legen, mit denen sie aber nicht verwechselt werden dürfe. Desgleichen kann das Religiöse nicht alle Existenzweisen erschöpfen – sich ihrer bedienen zu wollen, um die Gesamtheit der Lebensformen gewissermaßen unter einen gemeinsamen Hut zu bringen, ist der alte Irrtum –, *fügt* ihnen jedoch ihre eigene Tönung *hinzu*, ohne die niemand dem anderen nahe wäre, ohne die die Zeiten sich nicht erfüllen würden, ohne die die Geschichte vergebens verstriche, ohne die der Tod triumphierte.

Aber das genügt doch nicht! Diese Definition ist für den Appetit der religiösen Menschen viel zu eng. Sie reduzieren sie auf ein Minimum. Niemals werden sie sich mit so wenig zufriedengeben. Sie wollen alles, den Kosmos, die Geschichte, den Alltag, die Moral, die Kunst, die Architektur, alles und sogar die innersten Geheimnisse des Gewissens – das

Diesseits ebenso wie das Jenseits. Es war wirklich nicht nötig, die Hilfe der Reinigung zurückzuweisen, wenn es darum ging, die Gesamtheit des ungeheuren religiösen Elaborats in das pathetische Kauderwelsch der »Erzeugung vergegenwärtigter Personen« zu übersetzen. Entweder ist die Religion wahrhaft, und dann erstreckt sie sich auf alles, oder sie ist lügenhaft, und dann ist ihr nichts zuzugestehen, nicht einmal die Gegenwart von Personen. Sie bieten uns hier nichts an als einen faulen Kompromiß, der Gläubige ebenso schockieren wird wie Ungläubige, Kirchgänger wie Außenstehende. Was für ein schlechter Diplomat sind Sie doch. Das ist ja noch schlimmer, als das Wort auf eine bloße »Redeweise« zu reduzieren.

Die Differenzen der Liebessprache

Ich kann nichts dafür. Um die rechten Worte zu finden, müssen wir auf das zurückgreifen, was bei denen ankommt, an die wir uns wenden. Ich behaupte keineswegs, daß das winzige Sinnesband, an das ich mich klammere, irgendein Privileg habe, daß es als Metasprache tauge, in die das gesamte, ungeheure Korpus des religiösen Gefühls sich übersetzen ließe. Es gibt keine wahre Metasprache, wir wissen es wohl, keine Norm, keinen Maßstab: die abgeschmacktesten Sätze und die elaboriertesten, die altehrwürdigsten und die neuesten, die rührendsten und die kältesten können gleichermaßen zutreffen oder lügen – das hängt einzig von ihrer Fähigkeit ab, bei ihrem Adressaten augenblicklich zu bewirken, was sie sagen. Die Bedingungen des Glückens, der Klang, die Tonart, der Rhythmus sind von der verwendeten Form *fast* ganz unabhängig, da es sich um etwas anderes handelt, das sich immer über die Disparitäten, die Unwahrscheinlichkeiten, die Risse in die Botschaft schiebt. In der Religion wie im Klang ist alles angängig. Aber wenn es keine richtige Metasprache gibt, dann gibt es auch keine schlechte oder ungeeignete. Die einzige Frage ist die, wie sich die Qualität der Formulierung *unterscheiden* und sich durch diese kritische – jawohl, kritische, logische und auf ihre Weise sogar rationale – Unterscheidung mit allen anderen Sinneseinheiten verbinden kann, dank deren andere, die zu Mitgliedern desselben Volkes wurden, zu anderen Zeiten und an anderen Orten dasselbe mit anderen Ritualen ausdrücken wollten. Die Frage besteht nicht darin, ob man den religiösen Menschen gefallen soll oder nicht, ob man den Ungläubigen schmeicheln soll oder nicht, sondern darin, ob durch die Unterscheidung zwischen guten und schlechten Übersetzungen das virtuelle Volk, die »Gemeinschaft der Heiligen« neu entsteht, die Gemeinschaft derer, die nachträglich die Wahrheit aus den von den Lebenden wiederholten Worten herausholt und versteht – denn die Lebenden zählen, nicht die Toten. Dies ist der einzige Prüfstein, die einzige Gelegenheit, bei der »Alles ist wahr« in »Alles ist falsch« umkippt oder nicht – ja, es ist der einzige *kairos*.

Wenn meine Übersetzungsbemühungen so lächerlich erscheinen, liegt es daran, daß ich die einzige Sprache benutzt habe, die trotz der schwindelerregend hohen Rückstände noch zur Verfügung steht und frisch ist: die der Liebe, der *Präsente*, die Liebende einander machen, wenn sie können, wenn sie nicht mehr nur rechnen wollen. Gewiß, der Eindruck einer unendlichen Kluft zwischen den kleinen Freuden, den kleinen Nöten der privaten Liebe und den großen Leidenschaften, den großen Verbrechen der öffentlichen Religionen bleibt bestehen. Obwohl die anonymen Autoren der sogenannten Evangelien »der Kindheit« den gleichen Kurzschluß zwischen den bescheidenen Dingen menschlicher Zärtlichkeit und dem grandiosen Dekor der Heiligen Geschichte hergestellt haben, ist nicht mehr zu sehen, wie über die alleinige Synonymie dieses so überaus läppischen Worts »Liebe« vom einen zum anderen überzugehen wäre. Und doch sind die in der Liebeskrise zutage tretenden Differenzierungsfähigkeiten nicht zu vernachlässigen. Wir alle beherrschen perfekt – denn jeder von uns lernt sie mit der Zeit, sei es auch widerwillig – alle Register der Lüge, der Unaufrichtigkeit, des Ausweichens, der Flucht, des Wiederfindens und des Verzeihens. Wieviel Stunden verbringen wir nicht damit, diese Techniken zu entwickeln, unsere Prüfsteine zu wählen, unseren Geschmack zu verfeinern? Diese Kompetenzen haben nichts Privates, Persönliches, Individuelles. Keine Institution ist weiträumiger, allgegenwärtiger, gebieterischer, manchmal tyrannischer als die der verliebten Rede. Alle Ressourcen Hollywooods – des »heiligen Walds« der Kalifornier –, die gesamte Romanproduktion, eine eigens darauf spezialisierte Presse, Hunderte von Stunden am Telefon, Dutzende von Erfahrungen, Trennungen, Ratschlägen, Herzensergießungen, vertraulichen Gesprächen sind dazu erforderlich, in der Verwirrung der Leidenschaften den fragilen Weg zu den heilsamen Worten zu erlernen, die zusammenführen oder zerstören, verlebendigen oder töten, annähern oder auf immer voneinander entfernen. Und auf dieses Modell, dieses Muster, diese Matrix möchte man verzichten? Möchte es in irgend etwas Psychologisches und Innerliches umbiegen, während es doch offensichtlich etwas Starkes und Fruchtbares ist, von Häresien und Revolten, Skandalen und Revolutionen durchdrungen, vom Zweifeln durchbohrt, von Ansichten, Ratschlägen, Diskursen, Reformen, Maßregeln und Verkündungen überschüttet? Wer hätte je zu lieben gelernt, wenn es ihm nicht auf tausend verschiedene, widersprüchliche Weisen beigebracht worden wäre? Nichts ist spontaner, individueller, autonomer als diese Differenzierungsformen.

Den Geschmack an der Institution wiederfinden

Was den Versuch, auf die öffentliche Institution des Liebesgesprächs zurückzugreifen, um wieder Geschmack an der religiösen Sprache hervorzurufen, so unpassend macht, ist nicht nur der immense Abstand zwischen Psychologischem und Kosmischem, Individuellem und Kollektivem; ist nicht nur dies, daß das eine unsere Mitbürger noch anspricht, während das andere nur noch die überzeugt, die es schon sind, die Kirchgänger. Denn der Liebesdiskurs kann uns *gleichzeitig* als lebendig und institutionalisiert, universell gültig und umstritten erscheinen, während wir uns beim anderen, bei der althergebrachten religiösen Rede, immer gezwungen fühlen, Leben und Institution, Persönliches und Universelles, Freies und Erzwungenes voneinander zu trennen.

Ah! Die Institution, der einzige wahre Sündenbock des vergangenen Jahrhunderts! Stets wird sie als tyrannisch, archaisch, verbraucht, dominant, erstickend, kastrierend, hierarchisch, obsolet, steril, legalistisch, formalistisch beschrieben ... Gering ist die Zahl der Zeitgenossen, die nicht den Wunsch empfunden haben, sich für immer von ihr loszusagen, um endlich Freiheit, Fruchtbarkeit, Initiative, Schwung, geistige Authentizität »wiederzufinden«. Gälte es nur, den Fallen der Rationalisierung auszuweichen, die vergangene Zeit einzuholen, die Schulden unserer Vorläufer zu begleichen, um die Sprache wiederzuerlangen; gälte es nur, die Reflexe des Antifetischismus zu bekämpfen, wir wären vielleicht dazu in der Lage. Aber wir müssen auch noch unseren tödlichen Haß auf die Institutionen abbauen. Mit dem kritischen Geist, dem Willen, sich nicht hereinlegen zu lassen, dem Kampf gegen den naiven Glauben bildet dieses Vorurteil die leuchtendste unserer geistigen Tugenden. In Sachen Religion läuft alles in umgekehrter Richtung: um ungehindert von ihr zu sprechen, müssen wir ablegen, was wir für unsere wertvollsten Tugenden halten.

Aber ich habe keine Wahl. Ich weiß wohl, daß niemand aus sich selbst heraus, ganz auf sich selbst gestellt, eine Sprache erfinden kann außer der des Wahnsinns, die ihn ins Irrenhaus bringt. Es gibt ebensowenig eine Privatreligion, eine Religion, die mir allein gehört, wie es eine individuelle Liebe gibt: Wir verfügen über nichts anderes als über die Wörter des Stamms, allerhöchstens. Während die Liebenden, aneinandergekuschelt in der großen Flut der öffentlichen Rede, sich einen Privatcode aus winzigen Ritualen, Zauberformeln, Cattleyas und nur ihnen selbst bekannten Abrakadabras zulegen können, kann niemand beanspruchen, ohne Mandat und Unterstützung, ohne Auftrag und Berufung die ehrwürdige Sprache der Religion neu im Mund zu führen. Es handelt sich nicht mehr allein darum, ein Paar, eine Bande, eine Familie oder eine Gemeinde zu gründen, sondern darum, ein Volk von neuem um sich zu sammeln. In dieser Hinsicht bin ich natürlich gescheitert, das ist mir bewußt, denn was meine leidenschaftlichen Versuche angeht, das alte Vokabular neu zu artikulieren, so habe ich keinerlei praktische Möglichkeit, seine Zuverlässigkeit zu prüfen, gute von schlechten Ausdrücken zu sondern, mit anderen gemeinsam zu entscheiden, welche Produkte häretisch und welche orthodox sind. Mir bleiben nur die Hirngespinste eines Rufers in der Wüste, dessen Stimme, würde sie denn gehört, innerhalb wie außerhalb der Kirche wahrscheinlich nur Ärgernis hervorriefe. Zwangsläufig fehlt mir die kollektive Fähigkeit zur Unterscheidung.

Warum dann aber nicht aus der Institution herausspringen und *direkt* mit »Gott« in Verbindung zu treten suchen? Weil es keinen »Gott« gibt, weil der Zugang zu allem führt außer zu ihm, weil das Adjektiv »direkt« in diesen Dingen keinen Sinn hat. Die Worte, um es zu sagen, diese seltenen Worte, die herbeiführen, was sie sagen, und uns über die retrospektive Bewegung des erneuernden Geistes mit dem verbinden, was unsere Vorgänger sagen wollten, finden sich schließlich sets indirekt, gemeinsam, über die Umwege einer unreinen und erfundenen Sprache hinweg. Ihr auszuweichen ist ebenso unmöglich wie sie zu reinigen; den Schatz, den man allein entdecken möchte, würde man nur noch rascher verlieren. Kein Pidgin, keine kreolische Sprache sind individuelle Produkte: Um sie zu radebrechen, müssen Sie lange am Rande eines Volkes gelebt haben, das Ihnen den Zugang zu seiner herrschenden Sprache verwehrte. Die Institution darf man entschieden nicht fliehen, man muß in sie eintauchen: statt die Sprache zu reinigen, muß man lernen, Unsauberes und doch Wahrhaftes wiederzuverwenden. Ein geflügeltes Wort – das unvernehmbarste von allen, das am meisten verachtete, das am meisten gehaßte, das unaussprechlichste und skandalöseste, eines, das man nicht in den Mund nehmen kann, ohne ihn sogleich auszuschwenken – bestätigt es: *Extra ecclesiam nulla salus.* »Außerhalb der Kirche gibt es kein Heil.«

Und doch ist keine Formel exakter, rationaler, präziser, technischer: Für die Beurteilung der Qualität all dieser lügenhaften, von A bis Z erfundenen, erkünstelten, wiederaufgenommenen, kodifizierten, reformierten, verworfenen, wiederaufgegriffenen, erneuerten, überarbeiteten, fallengelassenen, entstellten, zermalmten, sedimentierten, wiederbelebten, verscharrten, verdrehten, erneut zu Ehren gebrachten Wortschichten gibt es keinen anderen Prüfstein als die gemeinsame Arbeit derer, die sich zeitweise als Teil desselben virtuellen Volkes wiedererkennen – eines bald wieder zerrissenen, verstreuten, aufsässigen, treulosen, unwissenden Volkes, das doch wieder zu sich kommt, sich sammelt, sich von neuem bekehrt, sich wiedererkennt als ein und dieselbige heilige Nation, bevor es sich alsbald wieder im Treibsand der Geschichte verliert. Gerade weil von *oberhalb und außerhalb* dieses Hin und Her kein Heil zu erwarten ist, gibt es keine andere Stelle, an der von Religion gesprochen werden kann. Kein G., der nicht selbst diese Arbeit der Reprise und Evaluation, des Reformierens und Herumirrens wäre, die Rede, die dieses große virtuelle und ungewisse Volk durchzieht. Keine Offenbarung wird diesem Herumtasten von Blinden je überlegen sein, die einander an der Schulter halten, um im Dunkel voranzukommen. Diejenigen, die es besser machen wollten, die Erleuchteten, haben es immer schlechter gemacht.

Man mag die Tribunale, die Konzile, die Kommissionen, die päpstlichen Bullen und die Hiebe mit dem Krummstab hassen, aber dann müssen für dieselbe Arbeit des Sortierens von Erfindungen eben andere Verfahren, andere Versammlungen, andere Ämter, andere Sanktionen gefunden werden, da es *zusätzlich* zu den langsamen, gemeinsamen und autorisierten Unterscheidungen der wahrhaften Worte nun einmal nichts gibt – nichts über uns, nichts Transzendentes, nichts Höheres, kein Berufungsgericht, kein letztes Wort, keine Offenbarung, keinen aus den Wolken herniederfahrenden Blitz –, was uns »das Wahre sagen« könnte. Man mag die Ansprüche verabscheuen, die ein Clan, eine Sekte, eine Kirche, eine Religion auf das universale Reich erheben, aber dann müssen eben andere Wege, andere Interpreten, andere Konfigurationen, andere Konklaven entdeckt werden, um dieses virtuelle Volk zu bilden, das sich als in derselben Gegenwart, als Zeitgenosse desselben Ereignisses, als durch dieselbe Offenbarung bisher dunkler Schriften geeint erkennt. Vielleicht hat man sich über den Sinn jenes geflügelten Wortes getäuscht, in dessen Namen so viele Verbrechen begangen, so viele Scheiterhaufen angezündet, so viele Kreuzzüge gepredigt wurden – nichtsdestotrotz gibt es *keine Gegenaussage* dazu, da das, was wir »Heil« nennen, zwangsläufig nur eintreten kann, wenn wir uns an diese samt und sonders lügenhaften Wortschichten anschließen, wenn wir unsererseits wiederentdecken, was sie allesamt zutreffend macht. Die Kirche ist die unbestreitbare Schatzmeisterin der Wahrheit, ja mehr noch: sie ist die a*ngefochtene* Schatzmeisterin der Lügen, der Elaborate, des Aussortierten, Wiederaufgenommenen.

Diese Produktions- und Unterscheidungsmaschine muß uns lehren, uns erneut zu verbinden. Aber diese Wiederentdeckung läßt sich nicht auf eigene Faust machen, sondern nur in der Gruppe – einer Gruppe, die ihrerseits unaufhörlich ihre Konturen ändert, bald alle Welt einschließt, bald sich auf nichts reduziert, je nach der Intensität, mit der sie die Botschaft neu entdeckt. Eben weil die Ausübung der religiösen Verkündung sich nicht vereinfachen läßt, kann kein noch so tollkühner Sprung, kein *salto mortale* aus der sterblichen und kämpferischen, produzierenden und sündigenden, lügenhaften und verfälschenden, konstruktiven und erfindungsreichen Institution hinausführen. Ganz so, wie außerhalb der komplexen und fraktionierten Institution des Liebesdiskurses niemand von Liebe zu sprechen vermöchte.

Der unmögliche Diskurs

Die Liste der Übel, die es unmöglich machen, erneut von Religion zu sprechen, wird entschieden länger. Kein Wunder, daß ich so lange sprachlos blieb.

Zunächst einmal dürfte man nicht an den Glauben glauben; aber fast jedermann greift die »Frage der Religion« mit der festen Versicherung auf, es gelte zu glauben oder nicht zu glauben.

Anschließend wäre der Begriff Konstruktion, Produktion stärker zu gewichten; aber fast alle Religionsanhänger stimmen mit ihren Gegnern darin überein, das Reale, Objektive, Authentische, Historische dem Künstlichen, Erfundenen, Verfertigten entgegenzusetzen: als bestünde die Wahrheit für sie alle darin, irgendein »nicht von Menschenhand stammendes« Bildnis anzubeten.

Drittens müßte die Institution zum Synonym von Erneuerung gemacht werden, obgleich fast alle Zeitgenossen behaupten, das Gewicht der Institution und die schöpferische Freiheit stießen sich ab wie Wasser und Feuer.

Viertens müßte der Widerstand gegen Idolatrie aufgegeben werden, mag auch der Kampf gegen die Fetische die Geschäftsgrundlage allen kritischen Denkens bilden – das heißt dessen, was allein zurückbleibt, wenn alles Denken aufgegeben wurde.

Fünftens müßte der Relativismus rehabilitiert und zur geistigen Tugend schlechthin erhoben werden, aber einzig der Kampf gegen den Relativismus mobilisiert Gläubige und Ungläubige, Rationalisten und Irrationalisten, Progressive und Reaktionäre, ganz als zögen sie alle das Absolute vor.

Man düfte nie modern gewesen sein, so daß man die Religion weder mit dem Archaischen noch mit der Modernisierungsfront in Verbindung zu bringen bräuchte; aber leider spricht man stets nur von einer

»zwischen Modernität und Tradition hin- und hergerissenen« Religion.

Und schließlich müßte jeder für sich jene heiligen Worte erneuern, obschon es zwangsläufig keine individuelle Religion gibt, das ganze Volk der Erlösten ihr anhängen müßte.

So ist es und nicht anders. Zumindest habe ich meine Arbeit getan, den Kostenvoranschlag aufgestellt, ohne irgend etwas zu verstecken: das ist der Preis, der zu entrichten wäre, wenn man diese Monumente des Glaubens wirklich wiederaufbauen wollte.

Infolgedessen ist die Lage wirklich hoffnungslos. Folglich wird nie wieder jemand die religiöse Sprache in den Mund nehmen. Die vorübergehend suspendierten, kolossalen Schulden der Übersetzungsrückstände liegen ihm erneut vor, auf daß er sie komplett begleiche – und er hat nicht den ersten Groschen dafür. Wie soll man die Zunge im Mund bewegen, wenn bei jedem Wort das erschreckende Gewicht von Jahrtausenden kollektiver Elaborate auf ihr lastet, von denen der größte Teil ebenso schwer wiegt wie ein Sedimentbecken auf einem Farn aus der Karbonzeit? Zermalmt, erstickt, versteinert – ihm bleibt nichts mehr zu sagen. Er hätte es wissen müssen, er war gewarnt: Er hätte sich auf dieses von vornherein aussichtslose Abenteuer nicht einlassen dürfen, auf diese Ehrenrettung. Nie wieder wird die religiöse Institution sich so stattlich ausnehmen, als wenn sie im

Verlauf ihrer ganzen Geschichte jeden Morgen den Preis der Übersetzung bezahlt hätte, die erforderlich gewesen wäre, um sich jedem ihrer neuen Adressaten als verständlich und heilbringend zu erweisen. Damit die Wahrheit nicht relativ werde – im Sinne des Pontius Pilatus – hat man vergessen, sie in Relation zu setzen zur Sprache derer, die sie verstehen sollten. Wie könnte man zurück von diesem unerschütterlichen, überall gleichen Maßstab zu jener anderen, überall unterschiedlichen – ja, relativen – Universalie, mit deren Hilfe unterschiedliche Völker endlich *realisieren* würden, daß sie durch dieselbe Geschichte miteinander verbunden sind, daß sie in Wirklichkeit dasselbe Volk bilden, weil sie durch Formeln, die einander keineswegs ähneln, erneut dieselbe Botschaft hören? Es ist unmöglich. Die verlorene Zeit ist nicht einzuholen.

Um so weniger, als die Versuchung groß ist, das heilige Volk in Zeiten der Flaute hinter halbwegs festen Grenzen in Sicherheit zu bringen. Um sich die anspruchsvolle Arbeit des Treubleibens zu ersparen, ruht man sich auf den soliden Pfeilern von Politik und Sitten aus, auf der alten und schwerfälligen Trägheit von Gewohnheiten und Kultzugehörigkeiten. Das virtuelle, von Fall zu Fall unterschiedliche Volk wird folglich zu einem realen, freilich immer geringfügigeren. Das Wort »Treue« bedeutet nicht mehr etwas, was die antike Botschaft für andere Ohren von neuem aufgreift, sondern was die Kirchgänger durch das Wiederkäuen der alten Worte beruhigt, die sie in ihrer Kindheit hörten. Es gibt jetzt ein Innen und ein Außen, eine belagerte Festung, in der der »Schatz des Glaubens« vor dem »Ansturm der Barbaren« behütet wird.

Und doch gibt es zwischen Politik und Religion nichts Vergleichbares außer den Homonymen »Volk«, »Zusammensetzung« und »Repräsentation«. Alles andere ist verschieden, alle Triebfedern, alle Redeformen, alle Aussageregister. Das Volk der Erlösten deckt sich nicht mit dem der Staatsbürger. Beide werden durchaus »repräsentiert«, aber in völlig unterschiedlicher Bedeutung. Nichts verbindet den, der sich wieder durch die ihn für immer ergreifende Erfüllung der Zeiten erschüttert fühlt, mit dem, dessen Entzücken darin besteht, daß der Befehl, den er von oben erhält, derselbe ist, für den er sich aus eigenem Antrieb entschieden hätte. Die Wege des Heils und die der Freiheit begegnen sich nur an sehr weit auseinanderliegenden Kreuzungen. Die fragile Form der politischen Rede verdient erneut Achtung erst dann, wenn man sie sorgsam von der religiösen Übersetzung unterscheidet. Indem beide einander ungeschickt stützen, um sich die Mühsal der politischen Reprise und der religiösen Reprise zu ersparen, haben Politiker wie Geistliche Legitimität und Differenzierungsfähigkeit gleichermaßen verloren.

Deswegen liegt zwischen dem virtuellen Katholizismus eines neu zu erweckenden Volkes und den engen Leitungen einer römischen und katholischen Kirche jetzt die ganze unüberwindbare Kluft der verheerten Zeiten, der verpaßten Gelegenheiten, der im Stich gelassenen Nationen, all jene Querelen um verlorene Riten – verloren durch die, die sie zu gewinnen hofften. Die Angelegenheit ist beendet. Das Amen ist gesprochen.

Die Umkehrung der üblichen Metaphern

Sofern es nicht mehrere Arten gibt, treu zu bleiben. Gebäude, die am Ufer launischer Flüsse errichtet wurden, weisen bisweilen Markierungen eines Hochwasserstands auf, den das ruhig und gezähmt in seinem gegenwärtigen Bett vor sich hindümpelnde Gewässer nie wieder erreichen zu können scheint. Solche Hinweisschilder, die sich nicht bis zum gegenwärtigen Pegelstand hinablassen, sondern obstinat den ehemaligen Stand festhalten, haben etwas Treues: Sie helfen dem Passanten, sich der Macht stiller Wasser zu erinnern. Auch ich glaubte nützlicher dadurch zu sein, daß ich einen dieser sehr weit vom gegenwärtigen Verlauf des Flusses entfernten Orientierungspunkte einzeichnete, damit diese auf eine Mauer eingeritzten Buchstaben helfen, den Abstand zwischen dem gegenwärtigen Flußbett und künftigen Fluten zu ermessen. Ich dachte, damit treuer zu sein, als wenn ich mich zu dem gegenwärtigen Niedrigwasserstand begeben oder das Flußtal endgültig seinen schweifenden Mäandern überlassen hätte.

Schon wahr, ich habe die religiöse Aussage scheinbar sehr weit abseits von dem situiert, was man die Religion nennt, die christliche Religion, die katholische Religion. Ich habe sie an einer spezifischen Qual der Rede, einem eigentümlichen Zögern, dem meinen, festgemacht, weil ich es für besser hielt, mich der Maschine zur Verfertigung von Aussagen zu nähern, als Sätze zu kommentieren, deren Triebfeder sich heute den meisten entzieht. Obwohl an diesen Aussagen alles falsch ist, wird alles wahr, sobald sie übersetzt, sobald sie auf eine ihnen entsprechende Weise übermittelt sind, und das ist nicht die einer Botschaft, einer Doktrin, einer Weisheit, eines Trostes, sondern eine Verkündungsform, die bewirkt, was sie sagt: »Habt acht! Erhebt euch, die Zeiten haben sich erfüllt, an euch wende ich mich, um euch handelt es sich, jetzt und hier.« Entweder werden diese Sätze verstanden und bewirken, was sie sagen – und dann sind sie zutreffend –, oder sie scheitern an den Bedingungen ihres Glückens – und werden augenblicklich unwahr. Ja, eine schlichte Redeweise, »das Wort« geheißen. Genügt dies, die Freiheit der Rede wiederzuerlangen?

Die Metapher der Immanenz …

Es genügt natürlich nicht, denn diese Formulierung weigert sich, zwischen Immanenz und Transzendenz zu wählen. Es ist jedoch nicht meine Schuld, wenn der Unterschied zwischen dieser Welt und dem Jenseits das, worum es geht, sehr wenig trifft. Die Erfahrung einer nunmehr erfüllten Zeit *bricht* tatsächlich mit dem üblichen, gewöhnlichen, sterblichen Lauf der Handlung – Liebende wissen das sehr wohl. Und doch entfernt dieser Bruch uns nicht vom Strom der Zeit hinieden, um uns in ein anderes Reich, eine andere Zeit zu entführen, sondern im Gegenteil, um uns dieser nunmehr erfüllten Zeit anzunähern. So daß das Wort »Immanenz« letztlich besser die Richtung beschreibt, in die uns dieser Typus der religiösen Rede drängt, als der Begriff »Transzendenz«, der in allzu weite Fernen entrückt ist. Von dem antiken und altehrwürdigen Gegensatz beider Begriffe bleibt der radikale Bruch, die obligatorische Konversion, der *kairos*, aber der Gegensatz zweier Welten fängt nichts Wesentliches mehr auf. Wollte man von neuem in der Sprache der Religion sprechen (aber wer wünscht es schon, und vor allem: wer will den Preis dafür zahlen?), müßte man sich also Metapher um Metapher, Bericht um Bericht, Ritual um Ritual, Psalm um Psalm den Gegensatz von oben und unten, Erde und Himmel, Immanenz und Transzendenz austreiben, um die einzige Differenz, die der kommenden und der vergehenden Zeit, der erfüllenden und anhäufenden oder verlierenden Zeit, in neue Formeln zu fassen. Aber wer wird uns lehren, den Blick vom Fernen abzuwenden, um das Nahe wiederzufinden ? Wer wird das Geistige auf der Ebene der Immanenz aufdecken? Wer wird uns helfen, endlich nicht mehr mit zum Himmel verdrehten Augen von Religion zu sprechen? Es gibt nichts da oben. Er ist nicht mehr hier. Seht, wohin man ihn gelegt hat.

… der Objektivität …

Man wird sagen, dieses Sprachregister sei viel zu subjektiv für diejenigen, die noch im Schoß der Kirche weilen, und viel zu objektiv für die, die ihn seit langem verlassen haben. Anscheinend reicht eine derart fragile und provisorische Redeweise nicht aus, um über Räume und Zeiten hinweg jene außerordentlichen Elaborate der Religion hervorzubringen. Wie soll man also sagen, daß es weder um Subjektivität noch um Objektivität geht, oder vielmehr: daß jenes Sprechen wie alle anderen seine besondere Form von Objekten und Subjekten mit sich bringt? Nein, natürlich handelt es sich nicht nur um ein persönliches und psychologisches Gefühl, von der Stimme des Gewissens in seinem Innersten aufgefangen und ohne jeden Anspruch auf die Form der äußeren Welt. Die Gemeindemitglieder hätten durchaus recht, sich über eine solche Reduktion zu beklagen: die Religion in den Grenzen des innersten Gewissens. Weil unsere Ahnen Religion und Politik miteinander verquickt hatten, mußten sie auf diese extreme Lösung verfallen, um zu verhindern, daß sich alle im Namen ihres Glaubens abschlachteten, und setzten den Religionskriegen damit ein Ende. Wenn aber das Wort nicht bloß im Herzen wohnt, läßt es sich auch nicht auf jene Form von Objektivität reduzieren, die in grundgelehrten Beweisen den Weg zu einer unbestreitbaren Referenz findet. Lassen wir die Wissenschaften ihre eigenen, fernen und gewissen, bemeisterten und unnahbaren, sichtbaren und mediatisierten Gegenstände produzieren. Sie allein verstehen es, die Referenz in die Information einzubringen. Die religiöse Rede ihrererseits kann nur aufgrund von Beweisen, die auf ihre Weise unbestreitbar sind (obschon stets unter Furcht und Zittern bestritten), mit dem Finger auf ein völlig objektives Phänomen deuten, das sich ihr doch ständig entzieht und tatsächlich durchaus neue Formen von Abhängigkeit hervorruft. Aber der Gegensatz zwischen einer (psychologischen und gefühlten) Subjektivität und einer (bewiesenen und referierten) Objektivität fängt nichts mehr von dieser Vergegenwärtigung auf. Wer wird die Energie aufbringen, sich alle Sermone, alle Predigten, alle Exegesen, alle Rituale neu vorzunehmen, damit sie aufhören, zwischen armseligen psychologischen Ratschlägen und ungeschickter Aufhäufung objektiver Beweise hilflos hin und her zu schlingern, und *sakramental* werden, das heißt ganz einfach beginnen, zu bewirken, was zu bewirken sie vorgeben? Wer fühlt sich in der Lage, von neuem Rituale zu produzieren?

… der Materialität …

Ich bin mir durchaus bewußt, daß Außenstehende dieses skrupulöse Sammeln viel zu realistisch und Kirchgänger es nicht stofflich genug finden werden. Wie läßt sich das Universum mit einem »Wort Gottes« füllen, das nur eine »Redeweise« sein soll? Wenn man mit »kosmischem Abenteuer« eine optisch erfaßbare Tabelle bezeichnet, die die Weltgeschichte von Alpha bis Omega enthält, dann ist es besser, derart große Erzählungen Panoramazeichnern und Moderatoren von Omnivisionssälen vorzubehalten.

Mit solchen Tabellen kann man viel machen, aber nicht das geringste religiöse Gefühl entfachen. Übrigens verlieren die von den Gelehrten beschriebenen großen Erzählungen, die großen kosmischen Panoramen, die, ohne mit der Wimper zu zucken, die Geschichte vom Urknall bis zum Homo sapiens ablaufen lassen, die langsame und präzise Arbeit der Wissenschaften ebenso rasch aus dem Blick wie die »Wende zum Kosmos« die langsame Arbeit des Religiösen in die Irre führt. Wenn man mit dem kosmischen Abenteuer jene Redeweise meint, die nicht vor uns liegt, sondern den Ausgangspunkt unserer Rede bezeichnet, läßt sich begreifen, daß die großen Erzählungen es gelegentlich auf ihre Weise anregen können. Wie ein Luftzug in unserem Rücken, dessen Stärke uns nur sekundenweise durch bunte Bänder deutlich wird, die wir in ihm wehen lassen, können alle Berichte nutzen, sofern sie gut lanciert und oft erneuert werden. Sofern wir nämlich den *kleinen* Berichten genau dieselbe Fähigkeit zuerkennen: eine Apokalypse, die mit üppigen Spezialeffekten Himmel und Erde in Bewegung setzt, fängt nicht mehr auf als *Babettes Fest*, wo nur mit kostbaren Weinen und köstlichen Speisen hantiert wird. Was für immer unmöglich ist: den Sinn der Gegenwart durch eine einzige, orthodoxe, disziplinierte, maßgeschneiderte Geschichte aufzufangen und stillzustellen, denn eins ist dann sicher: der Gehalt ist entwichen. Entweder schaut man in die Schachtel und findet sie leer, oder sie ist gefüllt, und dann sieht man sie nicht.

… des Kosmos

Indem man dem religiösen Ausdruck ein kosmisches Gewand verleiht, sieht man nicht weiter, nicht höher, bewirkt man nichts Grandioseres, nichts Tieferes, als indem man ihn in eine schlichte Liebesgeschichte kleidet. Man hat dieselben Wirkungen durch andere Erzählschichten erreicht, mehr nicht; das erregt mehr Aufsehen, bekehrt aber nicht unbedingt besser, ähnlich wie eine Orgel nicht die zarten, hohen Töne einer Blockflöte ersetzen kann. Wenn wir die religiöse Aussage mit den »großen Fragen« über den »letzten Sinn des Daseins« verbinden, verdecken wir alles, was die Ausdrücke *ein* Kosmos, *ein* »Gott« an Unvollendetem beinhalten. Zwei allzu rasche Vereinheitlichungen, mit denen man sich keine Mühe gibt – vor allem nicht, wenn man sich obendrein auch noch einen »Gott« als »Schöpfer« »der« Welt vorstellt. Nichts belegt, daß es »einen« Kosmos gibt, und alles beweist schlagend, daß es noch nicht »einen« »Gott« gibt. Kein Präfix ist gotteslästerlicher als das *mono* in Monotheismus. Denken Sie an die ewigen Steinigungen in Jerusalem: niemals hat der vom Klerus so verachtete Polytheismus derart viele ineinander verwikkelte Verbrechen – Menschenopfer verbunden mit Götzenopfern, blutüberströmte Altäre – produziert wie diese wenigen Spannen Gestein, die der Anrufung des »einzigen Gottes« gewidmet sind. Niemals rann über die aztekischen Pyramiden soviel Blut; niemals haben die diversen Pantheons mehr skandalöse Gottlosigkeiten aufgehäuft, niemals hat man so oft frevelhaft den Namen »Gottes« ausgesprochen. Jerusalems Beweis durch *reductio ad absurdum:* »Gott« ist nicht einzig. Drei Aufgaben stellen sich, die niemand von vornherein simplifizieren sollte: die Einheit eines einzigen G.; die Einheit des Kosmos, die Einheit eines G. mit einem Kosmos. Das virtuelle Volk, das in der Lage wäre, bei aller Unterschiedlichkeit von Zeiten und Orten die Vereinigung dieser Gegenwärtigkeiten zu erkennen, hat noch nicht zusammengefunden. Denn die Universalität liegt nicht hinter uns – sie ist weder zu bewahren noch zu zerstören – sondern steht uns bevor wie eine überwältigende Aufgabe, für die sich zu wenig Arbeiter einfinden. Die Katholizität besteht nicht darin, die frohe Botschaft bis an die Grenzen des Universums zu tragen, sondern darin, von Grund auf und allerorten durch die bloße Vermittlung einer immerzu gefährdeten Rede die künftige Forderung nach einem noch auszuhandelnden Universellen zu produzieren. So wenig die abenteuerliche Produktion eines einzigen G.s sich beschleunigen läßt, so wenig läßt sich von vornherein entscheiden, welche Dimension das virtuelle Volk erreicht, das zum Zeitpunkt der Reprise die umfassen wird, die sich einander nahe, gerettet, zu neuem Leben erweckt, erlöst fühlen werden.

Wie seltsam doch schließlich: einerseits hat man den Eindruck, daß alles verspielt ist, alles verloren, alles zu Ende; andererseits, daß noch nichts wirklich begonnen hat. Einerseits liegt man zerschmettert und stumm hingestreckt, die Zunge gelähmt von der Ungeheuerlichkeit der Aufgabe, der Antiquiertheit der Texte, der schwindelerregende Anhäufung von Glossen, des Umfangs der Verbrechen – andererseits möchte man daherplappern wie ein Kind, als wäre es das erste Mal, daß eine etablierte Sprache zur Rede wird. Religiöses Sprechen scheint auf seinem niedrigsten Pegelstand angekommen; und gleichzeitig hat man den Eindruck, daß sein Höchststand überhaupt erst bevorsteht, daß es sich noch kaum aus jenen anderen Formen herausgearbeitet hat, mit denen es lange Zeit verwechselt wurde. Einerseits scheint keine Epoche weniger geschaffen als die unsere, es zu hören; andererseits verfügt keine dazu über eine bessere Akustik: Jedes Wort klingt wie noch nie vernommen. Keine Welt ist geeigneter als die unsere, die Stimme neu zu erheben. Endlich sind alle Hindernisse gefallen: Die Fetische auf ihre Stelle, die Wissenschaften in ihre Netzwerke, die Politik in die ihr eigene Form von Gläubigkeit. Was der »Glaube an Gott« nicht mehr auffangen kann, dessen werden die schönen Gefäße des gottlosen Unglaubens sich nur allzu gerne annehmen.

Alles in allem dürfte uns das nicht überraschen: Wieviel Jahre, wieviel Jahrhunderte ist es schon her, daß die berufsmäßigen Sprecher, die Kleriker, sich einer Zeitgenossenschaft gegenüberfanden, die sie so von ganzem Herzen verachteten? Die Idole, der Materialismus, der Markt, der Modernismus, die Massen, der Sex, die Demokratie – alles flößt ihnen Abscheu ein. Wie hätten sie die rechten Worte finden sollen? Sie wollten eine Welt überzeugen, die sie aus ganzem Herzen haßten. Sie haben wirklich geglaubt, es sei nicht möglich, von Religion zu reden, ohne die Völker zunächst einmal an anderere Orte und in andere Zeiten zu verfrachten, die angeblich »geistiger« waren. Schlimmer noch, sie glaubten, sie würden gerade an ihrer Fähigkeit gemessen, ihre Epoche zu verwünschen: Sie verwechselten die Transformation der Zeit durch Vergegenwärtigung mit einer Verpflanzung in eine ferne, seit Ewigkeiten dahingeschwundene Zeit. Unter dem Vorwand, das religiöse Gefühl zu befördern, gelang es ihnen nur, Filme im Kostüm damaliger Zeiten zu drehen. Ein Blick auf das, was lächerlicherweise unter «zeitgenössischer Sakralkunst« firmiert, dürfte genügen, diesen Kategorienfehler anschaulich zu machen. Mir persönlich paßt diese Welt sehr gut, ich kenne keine bessere, übrigens verfüge ich über gar keine andere. Es gibt keine andere Welt als diese, die einzige, die wir haben und der wir uns völlig anders annehmen sollten.

Warum verstehen wir uns nicht mehr auf die religiöse Rede? Weil wir die Religion für gewunden, für verschlungen halten, ganz als müsse sie uns über einen schmalen, fallengespickten Pfad zu dunklen und fernen Geheimnissen führen. Zwar bringt sie uns oft zum Stolpern, aber ihre Prüfungen haben einen anderen Grund: es ist nämlich schwierig, die passenden, genauen, präzisen Worte zu finden, um die Rede heilbringend zu machen, um *gut* über die Gegenwart zu reden. Ich habe nichts erfunden. Wenn der Forscher in den Natur- oder Sozialwissenschaften die Pflicht hat, seinen Stein zum weiten Gebiet des Wissens hinzuzufügen, zu entdecken, zu innovieren, neue Information zu produzieren, so ist seine Pflicht auf religiösem Gebiet die Treue: Er darf nicht erfinden, sondern muß erneuern; er darf nicht entdecken, sondern muß wiederfinden; er darf nicht innovieren, sondern muß das alte Lied, die ewige Leier neu anstimmen.

Beurteilen Sie mich nicht zu streng: trotz allem Anschein habe ich dem Schatz des Glaubens weder etwas hinzugefügt noch abgezogen, kein Komma, kein Jota.

Ich war treu, so gut man es sein kann. Ohne Mandat, ohne Befugnis habe ich, der ich nicht einmal gläubig bin (denn es geht nicht um Glauben), nur diese ungeschickte, zaudernde, autodidaktische Art gefunden, gleichzeitig mit anderen, aber abseits von ihnen, für mich selbst, ohne Gemeinschaft, ohne Gemeinsamkeit das Jubeljahr 2000 zu feiern.

Bruno Latour
im Suhrkamp Verlag

Existenzweisen. Eine Anthropologie der Modernen. Aus dem Französischen von Gustav Roßler. Gebunden. 665 Seiten

Die Hoffnung der Pandora. Untersuchungen zur Wirklichkeit der Wissenschaft. Aus dem Englischen von Gustav Roßler. stw 1595. 386 Seiten

Jubilieren. Über religiöse Rede. Aus dem Französischen von Achim Russer. Gebunden. 247 Seiten

Eine neue Soziologie für eine neue Gesellschaft. Einführung in die Akteur-Netzwerk-Theorie. Aus dem Englischen von Gustav Roßler. stw 1967. 488 Seiten

Bruno Latour/Vincent Lépinay. Die Ökonomie als Wissenschaft der leidenschaftlichen Interessen. Eine Einführung in die ökonomische Anthropologie Gabriel Tardes. Aus dem Französischen von Gustav Roßler. Broschur. 120 Seiten

Das Parlament der Dinge. Für eine politische Ökologie. Aus dem Französischen von Gustav Roßler. stw 1954. 365 Seiten

Wir sind nie modern gewesen. Versuch einer symmetrischen Anthropologie. Aus dem Französischen von Gustav Roßler. stw 1861. 205 Seiten

Zu Bruno Latour

Bruno Latours Kollektive. Kontroversen zur Entgrenzung des Sozialen. Herausgegeben von Georg Kneer, Markus Schroer und Erhard Schüttpelz. stw 1862. 478 Seiten

NF 160/1/2.15

Kulturwissenschaft und Kulturtheorie im Suhrkamp Verlag Eine Auswahl

Aleida Assmann/Ulrich Gaier/Gisela Trommsdorff (Hg.). Positionen der Kulturanthropologie. stw 1724. 391 Seiten

Michail M. Bachtin
- Rabelais und seine Welt. Volkskultur als Gegenkultur. Übersetzt von Gabriele Leupold. Herausgegeben und Vorwort von Renate Lachmann. stw 1187. 546 Seiten
- Autor und Held in der ästhetischen Tätigkeit. Herausgegeben von Rainer Grübel, Edward Kowalski und Ulrich Schmid. Aus dem Russischen von Hans-Günter Hilbert, Rainer Grübel, Alexander Haardt und Ulrich Schmid. stw 1878. 356 Seiten
- Chronotopos. Aus dem Russischen von Michael Dewey. Mit einem Nachwort von Michael C. Frank und Kirsten Mahlke. stw 1879. 242 Seiten

Mieke Bal. Kulturanalyse. Herausgegeben von Thomas Fechner-Smarsly und Sonja Neef. Übersetzt von Joachim Schulte. Mit zahlreichen Abbildungen. Gebunden. 372 Seiten

Roland Barthes
- Fragmente einer Sprache der Liebe. Übersetzt von Hans-Horst Henschen. st 1586. 279 Seiten
- Die Körnung der Stimme. Interviews 1962-1980. Übersetzt von Agnès Bucaille-Euler, Birgit Spielmann und Gerhard Mahlberg. es 2278. 404 Seiten
- Mythen des Alltags. Übersetzt von Helmut Scheffel. es 92. 168 Seiten

Hans Blumenberg. Arbeit am Mythos. stw 1805. 699 Seiten

NF 118/1/03.13

Günter Burkart/Gunter Runkel (Hg.). Luhmann und die Kulturtheorie. stw 1725. 290 Seiten

Jonathan Crary. Aufmerksamkeit. Wahrnehmung und moderne Kultur. Übersetzt von Heinz Jatho. Mit zahlreichen Abbildungen. Gebunden. 408 Seiten

Ute Daniel. Kompendium Kulturgeschichte. Theorien, Praxis, Schlüsselwörter. stw 1523. 492 Seiten

Norbert Elias
Über den Prozeß der Zivilisation. Soziogenetische und psychogenetische Untersuchungen. Zwei Bände in Kassette oder auch einzeln erhältlich
- Band 1: Wandlungen des Verhaltens in den weltlichen Oberschichten des Abendlandes. stw 158. 504 Seiten
- Band 2: Wandlungen der Gesellschaft. Entwurf zu einer Theorie der Zivilisation. stw 159. 604 Seiten

Harry G. Frankfurt. Bullshit. Übersetzt von Michael Bischoff. Gebunden. 73 Seiten

Josef Früchtl. Das unverschämte Ich. Eine Heldengeschichte der Moderne. stw 1693. 422 Seiten

Michael Giesecke. Sinnenwandel, Sprachwandel, Kulturwandel. Studien zur Vorgeschichte der Informationsgesellschaft. stw 997. 374 Seiten

Hans Ulrich Gumbrecht. 1926. Ein Jahr am Rand der Zeit. Übersetzt von Joachim Schulte. Gebunden. 540 Seiten.
stw 1655. 554 Seiten

NF 118/2/03.13

Thomas Hauschild. Ritual und Gewalt. Ethnologische Studien an europäischen und mediterranen Gesellschaften. Mit Abbildungen. Gebunden. 258 Seiten

Martin Ludwig Hofmann/Tobias F. Korta/Sibylle Niekisch (Hg.)
- Culture Club. Klassiker der Kulturtheorie. stw 1668. 304 Seiten
- Culture Club II. Klassiker der Kulturtheorie. stw 1798. 333 Seiten

Eva Illouz. Gefühle in Zeiten des Kapitalismus. Übersetzt von Martin Hartmann. Broschur. 170 Seiten

Peter Janich. Kultur und Methode. Philosophie in einer wissenschaftlich geprägten Welt. stw 1773. 460 Seiten

Vladimir Jankélévitch
- Das Verzeihen. Essays zur Moral und Kulturphilosophie. Herausgegeben von Ralf Konersmann. Übersetzt von Claudia Brede-Konersmann. Mit einem Vorwort von Jörg Altwegg. Gebunden und stw 1731. 292 Seiten
- Der Tod. Übersetzt von Brigitta Restorff. Gebunden. 573 Seiten

Sebastian Knell/Marcel Weber (Hg.). Länger leben? Philosophische und biowissenschaftliche Perspektiven. stw 1900. 290 Seiten

Ralf Konersmann
- Kulturelle Tatsachen. stw 1774. 406 Seiten
- Kulturkritik. Broschur. 135 Seiten

Sybille Krämer/Werner Kogge/Gernot Grube (Hg.). Spur. Spurenlesen als Orientierungstechnik und Wissenskunst. Mit Abbildungen. stw 1830. 366 Seiten

NF 118/3/03.13

André Leroi-Gourhan. Hand und Wort. Die Evolution von Technik, Sprache und Kunst. Übersetzt von Michael Bischoff. Mit 153 Zeichnungen des Autors. stw 700. 532 Seiten

Martina Löw. Soziologie der Städte. Mit zahlreichen Abbildungen. Gebunden. 292 Seiten

Winfried Menninghaus
- Ekel. Theorie und Geschichte einer starken Empfindung. stw 1634. 592 Seiten
- Hälfte des Lebens. Versuch über Hölderlins Poetik. 142 Seiten. Gebunden
- Das Versprechen der Schönheit. Gebunden. 386 Seiten
- Wozu Kunst? Ästhetik nach Darwin. 318 Seiten. Gebunden

Stephan Moebius/Andreas Reckwitz (Hg.). Poststrukturalistische Sozialwissenschaften. stw 1869. 471 Seiten

Ohad Parnes. Das Konzept der Generation. Eine Wissenschafts- und Kulturgeschichte. stw 1855. 385 Seiten

K. Ludwig Pfeiffer. Das Mediale und das Imaginäre. Dimensionen kulturanthropologischer Medientheorie. Gebunden. 618 Seiten

Paul Rabinow
- Anthropologie der Vernunft. Studien zu Wissenschaft und Lebensführung. Herausgegeben und übersetzt von Carlo Caduff und Tobias Rees. stw 1646. 252 Seiten
- Was ist Anthropologie? Herausgegeben und übersetzt von Carlo Caduff und Tobias Rees. stw 1687. 168 Seiten

Richard Rorty. Philosophie als Kulturpolitik. Aus dem Amerikanischen von Joachim Schulte. Gebunden. 357 Seiten

NF 118/4/03.13

Philipp Sarasin. Reizbare Maschinen. Eine Geschichte des Körpers 1765-1914. stw 1524. 512 Seiten

Philipp Sarasin/Jakob Tanner (Hg.). Physiologie und industrielle Gesellschaft. Studien zur Verwissenschaftlichung des Körpers im 19. und 20. Jahrhundert. stw 1343. 529 Seiten

Richard Weisberg. Rechtsgeschichten. Über Gerechtigkeit in der Literatur. Aus dem Amerikanischen von Walter Popp. Mit einem Nachwort von Bernhard Schlink. stw 2010. 291 Seiten

Alfred North Whitehead
- Denkweisen. Herausgegeben und übersetzt von Stascha Rohmer. stw 1532. 202 Seiten
- Kulturelle Symbolisierung. Herausgegeben und übersetzt von Rolf Lachmann. stw 1497. 147 Seiten

Uwe Wirth (Hg.). Kulturwissenschaft. Eine Auswahl grundlegender Texte. stw 1799. 559 Seiten

Slavoj Žižek
- Die gnadenlose Liebe. Übersetzt von Nikolaus G. Schneider. stw 1545. 192 Seiten
- Körperlose Organe. Bausteine für eine Begegnung zwischen Deleuze und Lacan. Übersetzt von Nikolaus G. Schneider. stw 1698. 297 Seiten
- Die Puppe und der Zwerg. Das Christentum zwischen Perversion und Subversion. Übersetzt von Nikolaus G. Schneider. stw 1681. 190 Seiten
- Die Revolution steht bevor. Dreizehn Versuche über Lenin. Übersetzt von Nikolaus G. Schneider. es 2298. 192 Seiten
- Die Tücke des Subjekts. Übersetzt von Eva Gilmer, Anne von der Heiden, Hans Hildebrandt und Andreas Hofbauer. Gebunden. 552 Seiten

NF 118/5/03.13

Slavoj Žižek/Mladen Dolar/Stojan Pelko u. a. Was Sie immer schon über Lacan wissen wollten und Hitchcock nie zu fragen wagten. stw 1580. 259 Seiten

Cornelia Zumbusch. Die Immunität der Klassik. stw 2014. 372 Seiten

NF 118/6/03.13